NF文庫
ノンフィクション

満州国境最前線の旅

早瀬利之

潮書房光人新社

はじめに

埼玉県深谷市櫛挽（旧深谷市側は櫛引地区）町は、ＪＲ深谷駅から西へ十キロほどである。この辺りに来ると、満州開拓村を取材して歩いた松花江より南の日本開拓村及びアムール河沿いの日本人開拓村を思い出す。

満州の開拓村は唐松林を切り開いて、一区画が一町歩ほどの広大な畑が広がっていた。車で走ると、畑は道路兼用の唐松林で区切られ、それが蜒々と続く。低地は水田として開墾され、旧ソ連のスパイの侵入を防ぐ意味もあって、開拓村が組織的に設置された。

結果的には、ソ連軍の侵攻のさい逃げ遅れ、関東軍にも見放され、悲劇的な事件に巻き込まれていった。

深谷市の櫛挽の開拓地を見ると、赤城下ろしの寒風を遮《さえぎ》るように北東から南西方向に防風林が伸びている。北東から南西方向が縦で、北西から南東方向を横にする縦三キロ、横一・五キロの長方形の、格子状に仕切られた農地が広がる。道路は等間隔に格子状に走る。

かつて戦時中、櫛挽ヶ原は陸軍の火薬製造所があった跡だった。面積は五百ヘクタールに及んだ。その広大な櫛挽ヶ原には五つの村があり、大小三百五十の建造物が構築されていた。昭和二十一年、満州からの引揚者や被災者、地元の二、三男に開放され、七月には鍬入れ式が行なわれて本格的な森林の伐採が始まった。赤城下ろしの風を遮るため北東から南西方向の縦線に森林を残し、一農家に一町歩が均等に分け与えられ、農地を耕作している。主に大豆、大麦、小麦、さつま芋、そして深谷ネギが栽培されている。

この辺りを歩くと、旧満州の開拓村の面影が残っていて、以前に依蘭、黒河方面の旧ソ満国境を取材して歩いた時を思い出さずにはいられない。

櫛引農協職員によると、「この開拓地の人たちは団結力があり、みんないい人ばかりですよ」と語ってくれた。自らの力で開拓した人たちの共通の苦労があるからであろう。

私は仲間と二週間、ソ満国境を取材して歩いたことを、書かずにはおれなくなった。

満州国境最前線の旅——目次

満州国境最前線の旅

プロローグ　――一枚のファックス「父が戦死した場所を」

「生きて帰れまい」

　そう覚悟して出発の準備をしていた頃、私に一枚のファックスが届いた。発信人は旧奉天（瀋陽）で生まれて、終戦後、体ひとつで引き揚げてきた原雅子さんという七十五歳の女性からだった。原さんに当時の奉天の様子を取材した関係で、私はソ満国境への出発日を教えていた。いつか原さんは私に、

「私と奉天市内の千代田小学校で同級生だった友達のお父さんが、二十年五月に現地で召集されて、琿春あたりで戦死したらしいけど、どんな所か知らないのです。私の父も、いつ何処で死んだのやら。今も帰ってこないのです。父はレストランを経営していたんです。それがね……」と語ったことがあった。

今度のファックスには、

「鎌田夏子さんという、私のお友達の父親のことをお伝えします。昭和二十年五月十三日、最後の激戦地といわれる琿春に出征、八月十七日死亡、三十三年七月、遺骨が帰っています。

古賀勇一さんの父親は、依蘭付近で八月二十一日に戦死。日本政府は十三年間も行方不明として放置していましたが、母親が自分で戦死の事実を突き止め、昭和三十三年に戦死の公報を受けとることができたそうです。

琿春や依蘭方面に行かれたら、ぜひ写真をお願いします」

このファックスをもらった翌朝五時十二分、逗子駅発の成田空港行きの快速に乗った。この時間なら、ミニツアーの仲間たちと合流できるからだった。

ミニツアー七人の中では、リーダーの池田昌之さんと作家の岡田和裕さんしか面識がない。他の四人は初対面である。

成田空港第二ターミナルの団体カウンター前まで行くと、すでに仲間が集まっていた。私が一番遅かった。白髪の岡田さんを見つけた時はホッとした。そこで私は他の四人の仲間を紹介されるが、驚いたことに、私以外は国内旅行でもするように、小さめのバッグ一つである。私はスコットランド旅行で使ったトランク持参で、夏というのに冬物のシャツやベスト、ウインドブレーカーなどを入れていた。だから荷物入れが大きいものになった。

私を除き、六人はすでに顔合わせずみだった。一行の中での長老は獣医の鈴木能文さんという八十四歳の白髪の老人である。鈴木さんは軍属として満州の東部の連隊にいて、ソ連軍に追われて捕まり、シベリア送りされた「シベリアからの生還者」の一人であった。

篠崎正卓さんは七十四歳。茨城在住。看護師の池上文子さんは子供の頃を安東（丹東）で過ごし、終戦後に満州から引き揚げ、すでに満州へは何度も出かけていた。

池田さん、岡田さんも安東で終戦を迎えている。岡田さん一家は漁船の難民船で脱出。池田さんは八路軍（中共）に捕まり、短い期間だが紅軍の兵役につかされた経験もある。中国語ができるので、元三菱銀行の香港支店長だった。英語、北京語、広東語も話せるので、私は心強さを感じた。今回のソ満国境ツアーの団長さんである。

鈴木千秋さんは岡田さんと岩国高校の同級生で、満州ツアーは私と同じく初体験者だった。

常識的には、満州旅行といえば、大連、奉天、新京、ハルビンという都めぐりだが、私たちの今回のツアーは「都めぐり」とは縁のない、旧ソ連との国境を舐《な》めるように見て歩こうという戦跡ツアーである。その意味では、非常識なツアーと言われても仕方がない。

ただし、こういう機会は、二度とこない、最初にして最後のルポルタージュになるだろうと、今も思っている。それぞれ、満州へのノスタルジアを持ち、旅に出る。

しかしソ満国境の旅は、行ってみると私たちよりも、台湾、香港など中国の南の方からのツアー客がすでに入っていた。自国の東北三省ツアーということになるが、満州国を建国した日本人とは、目的も思いも違っている。

五族民族の協和国を築き上げた日本としては、形なりだが満州国家を経営し、独立させた歴史が忘れられない。結局、昭和二十年八月の旧ソ連軍の侵攻で、平和だった満州国は破壊され、協和してきた満州人たちは旧ソ連、中共軍によって殺害され、個人の資産は没収されて、協和国家を築いた日本人は追い出されてしまった。

欧米人の東洋進出は「植民政策」ゆえに、先に奪い取り、投資せず、追われれば引き揚げたため、失うものはない。比較して日本の満州への投資は、結果的には在満の中国人が豊かになり、元満州国総務長官だった星野直樹によれば、日本は満州国に投資し、戦争で失い、得るものは何もなかった、ことになる。

さて、ツアースケジュールの第一日は、大連空港から迎えのバスで安東へ移動し、中・北朝鮮国境の鴨緑江にかかる鉄橋を見学。翌朝、マイクロバスで八百キロ北の吉林市へ。そこから東満の激戦地琿春、綏芬河、牡丹江、勃利、佳木斯《ジャムス》、日本の開拓団が初めて上陸した松花江の依蘭、さらに松花江を渡って炭坑の町鶴崗、アムール河に沿って北へ移動し、乾岔子《カンチャース》、愛琿、最北端の前線基地の市・旧スパイの街「黒河」をめざして移動する。

帰路は、旧ソ連戦車隊に襲われて潰滅《かいめつ》した北満旅団基地「孫呉」、さらに南の北安を経由してハルビンに入り、空路で大連に戻り、最後は大連のヤマトホテルに泊まる予定である。

だが、結果的には霧でハルビン・大連間が飛べず、なんと青島空港に出てロビーのベンチで一泊するというハプニングが最後の夜となるが、こんなことは旅にはつきもの。

さて、出発の成田ではそれぞれ違った席に座り、それぞれ違った思いをいだき、景に視線を流していた。

第1章　ソ満国境へのこだわり

出発前に石原莞爾日記を読む

日本航空成田発７９７便大連行きは、朝九時五十分に離陸した。

すでに機内はビジネスマンたちで満席だった。ビジネスクラスに二つの空席があるだけで、私が乗り込んだエコノミー席は全席が埋まっていた。

大連には百社近い日本企業が進出していた。日中の合弁会社が多いことは聞いていたが、満席の機内の様子から、利用者がこれほどまでに多いのには驚かされた。中国の中でも比較的コストが安い大連に、若いビジネスマンたちが出かける光景は、しかしどこか暗い影を感じた。なぜか今も分からない。これまで多くの国に出かけて、現地の日本人たちと会ってきたが、今回の機内はどこかビビッているような緊張感のみ

が、ピーンと張りつめていた。利幅の薄い仕事で苦労している様子が窺《うかが》えたのは、機内アナウンスのせいもある

入国に必要な手続き書類の書き方を機内モニターで説明してくれると助かるのだが、何ひとつ案内がない。中国語と英語の二種類の書類も、用紙は入境書類、税関書類、検疫書類の三種類があるが、中国語は簡略語で、とても読めない。

書類は前の席のポケットに入っているのを着陸寸前に知り、慌《あわ》てて書き込んだ。これが中国の航空会社ならさもありなんと諦《あきら》めるが、日本の航空会社で案内がないとなると、事情は変わってくる。

満州の安東生まれで、今回のツアーの企画者で満州へは四回目の岡田和裕さんと私は、着陸態勢に入った機内で、必死になって書き込むはめになる。と、突然その時、グァンという音と同時にお尻が跳ねた。着地したのである。ＪＡＬ７９７便は、すぐにサテライトに入った。お蔭で窓から大連市の上空や市街を眺める余裕もなかった。それとも、意図的に見せないようにしていたのだろうか。

飛行機は午前十一時五十分に着陸した。大連国際飛行場は、かつて関東軍の軍用飛行場だった。滑走路が伸びて、毎日、南の香港や西安、上海など、国内各地からの旅客機が離発着していた。大連空港は船に代わって、満州の玄関口になっている。

大連に限らず、哈爾濱《ハルビン》も奉天（瀋陽）も新京（長春）の飛行場も、かつては関東軍というより満州国が造った飛行場跡に変わりはないが、どの本にもそれらしきことは書かれていない。「関東軍は満州の資源を搾取した」と誤ったことのみを書く傾向があるが、果たしてそうだろうか。

満州事変から満州国を建国した当時の作戦担当の石原莞爾参謀は、「満州は発火寸前で、起きるべくして起こった」と、張学良軍の挑発を指摘している。また「日本は満州に莫大な資金を投資したため満州人は金持ちになった」と、元満州国総務長官の星野直樹は、『見果てぬ夢』の中で述懐している。果たして日本だけが責められることか。これが今回の私の「ソ満国境取材」の動機だった。

独りで旧満州の「ソ満国境」を取材旅行したいと思ったのは『満州合衆国』を書き上げた直後で、ツアー旅行の定番である大連、奉天、旅順、哈爾濱、新京ではなく、東満、北満の各師団司令部や邦人がいたソ満国境である。しかし現地へ行く足、ホテルを調べようと銀座の本屋を見て回るが、参考になるものは一冊もなく、たちまち壁にぶつかった。

それがダメだったので、関東軍の生存者から聞き出す方法がある。思い直して、十六師団の元通信隊長の犬飼總一郎（故人）さんに会って相談した。犬飼さんの結論は、

「まず生きて帰れないでしょう」だった。「外務省が現地の領事館に働きかけ、当の中国政府に問い合わせたところで、どうでしょうかね。そんな日本人は来ていない、と答えるのが精一杯でしょう。でも行く方法は一つあります。それは華僑組合を通じて、行き先々でガイドしてもらうこと。華僑の人は互いに連絡が密ですから」とアドバイスしてくれた。

しかし、華僑組合を通してのソ満国境の旅は、コネがなく絶望的となる。そうしているうちに、石原莞爾が残した「満州備忘ノート」の解読と解説に取り組んだ。難解な隠語めいたメモが読めずに苦しんでいた頃で、一字を解読すると喜びのタバコを一服していた。

石原莞爾のメモは、人に知らせる意識は特にない。これは「満州備忘ノート」に限らない。人名、場所のほか、来る、訪問、泊まるといった言葉をメモしただけでの日記とも言える。なんというかミステリー小説風に言えばアリバイ残し、と受け止めたくなる記録である。

ところがその記録は、一文字一文字が重大な意味を持つ。たとえば「甘粕来る」とあれば、「なんのため？　誰に頼まれたか？　満州からわざわざ鶴岡にきたのだ？」とさぐりたくなる。たったの四文字だが、甘粕正彦が満州から下野した石原の所に来る理由で、甘粕と東条英機の仲を知る。また甘粕と石原の仲を知れば、「東条に頼まれて、石原を東京の東条の所に連れて行く考えだな」と想像する。

昭和十七年九月、という日付けであると、日記の中には用件を書いていなくても、「ミッドウェー海戦潰滅後の日本の反撃と作戦について、東条が石原に頭を下げて聞くか、石原に陸軍参謀長をやらせようと考えたな」と察しがつく。「某所」とあるところからすると、首相官邸か料亭か、大臣室かと、色々と詮索したくなる。だが、酒を呑まない石原を料亭に誘うわけがないから、場所は首相官邸か兼任の陸軍大臣官邸か、または軍人会館かと考える。

石原が鶴岡から上京した日はモンペ姿に下駄ばき姿で、三等車に乗った。上野に着くと東条差し回しの車で某所に行ったか、東亜連盟の者が迎えに出て官邸に連れて行ったか、である。のちに場所は九段の軍人会館で、約一時間ほど会談している。内容は戦局の打破である。

石原は東条にはっきりと、

「あなたが総理をやめることだ」と結論を出した。

東条はムカッとしたであろう、会談は物別れになる。もっとも石原は東条退陣後には、日米、日中講和のため、東久邇宮内閣を工作していたから、そのことにも言及したであろう。満州からわざわざ東条に頼まれてやって来た甘粕の労は報われなかったことが明らかになる。

このように、石原日記は、国家の重大事項記載のため、人名と場所は深い意味を持つ。ところが関東軍副長時代の満州で、昭和十二年秋から十三年夏にかけては、かなり積極的に動く。ちょうど新京の郊外に設立する満州国立大学「建国大学」の開校を控えていて、教授を日本や中国から集めたりと、行動的である。

たとえば満州の東部。ここはソ連極東軍司令部のあるウラジオストックとは丘陵を境にした国境の前線で、石原は軍港、航空機製造工場、陸海軍の集結地という状況から、日ソ戦の激戦地と判断して、少なくともソ連国境軍の半分の、十二個師団を、饒河、宝清、密山、綏芬、東寧などに置き、かならず攻めてくるソ連軍に備えた。万一の時は朝鮮北部に駐留している師団の応援を得る態勢も整えている。

北満の運河にも、ソ連軍がアムール河を渡河して侵攻してくることが想定内にあった。石原は参謀本部第一部長(作戦)の時、ここには十個師団が必要として、黒河、孫呉、呼瑪、鳥雲、場合によっては佳木斯《ジャムス》からも応援に出る態勢をとっていた。

黒河は日本人がつくった北の守りのまちである。同じ東洋人の顔をしたソ連のスパイ天国で、関東軍の特務機関分遣隊員を悩ませた。

黒河から下流のハバロフスクまでのアムール河沿いには、二〜三キロおきに監視所を置き、森の中に隠れているソ連軍を見張っていた。攻めてくるのはソ連軍で、日本軍は主に守備態勢だった。中国人顔のソ連のスパイは夜になると、渡河してくるので防ぎようがない。日本もソ連領内に送り込むが、言葉が通じなくて、どちらかといえば情報戦ではソ連軍が上だった。

昭和二十年八月九日、石原の予想どおり、ソ連軍は四ヵ所から予告もなく「日ソ間の条約」を破って侵入した。関東軍とその家族は、開拓民たちを置き去りにしてひと足先に南の方へ退避した。軍隊だから極秘に行動しなければならないが、置き去りにしたことは、たとえ司令官からの命令であってもやってはならない行動で、これだけは関東軍の汚点となる。戦後、軍関係者の間で、満州にいたことを自慢できない理由が、こうした我先に避退したことにあることは否定できない。

したがって、満州には敵情報どりを兼ねて奥地に入った開拓団が見捨てられた悲劇は多い。ソ連軍との小競合いも少なくなかった。今回の「ソ満国境取材」の旅への動機は、変わり果てた今と、日露戦争前後の満州と、そして日本人が建国した満州の残映をのぞいてみようということに尽きる。ようやく三年越しの取材の旅が始まったのだ。

きっかけは前年に安東から黒河まで旅した安東生まれの岡田和裕さんの「今度はソ満国境に行く」との話を耳にしたことにある。九段のグランドパレスホテルのレストランで昼食をとっていたあと、十二日間のスケジュール表を見て以来、私は悩んだ。

その理由のひとつには、スケジュールが長く、帰国二日後にロンドンへの取材旅行を予定しており、はたして体力が続くかどうか、だった。もうひとつは、満州の脂肪だらけの食事を受け付けられないだろう、との不安である。こちらは消化剤など薬を持参すればなんとかなる、それに同行者の中には八十四歳の獣医さん、看護師さんもいる、と聞いて、心強くなった。

三つめは五本の連載記事を持っていて、これを出発前にすべて書き上げ、編集部へ届けられるかどうかだった。幸い、こちらは二ヵ月前から準備に取りかかれたが、出発前にそれぞれ二ヵ月分を書き上げることになり、相当無理が祟《たた》った。だが、私は愛用の木刀で「腰割り」の素振りをやり、足腰を強化し、気力を養った。

移動は帰りの哈爾濱《ハルビン》空港から大連空港までが飛行機使用だが、それ以外はマイクロバスでの移動である。長い日は一日十時間近い走行になると聞いて、ふと持病のヘルニアが心配になってきた。そこで出発前から毎日百回の腹筋運動をこなし、さらに側筋強化運動を加えて腰痛防止につとめた。椎間板がハズれて神経を圧迫し、激痛に襲われたらバスの床に寝かせてもらうことにした。

事前の資料集めにも乏しく、仕込みがないままに出かけることの不安は払拭《ふっしょく》できなかった。たったひとつ、どうしても調べておきたいことがあった。それは終戦時の関東軍参謀作戦班長・草地貞吾大佐の本から、終戦前の各師団所在位置、及び南方へ異動させられた師団や連隊名、日時、残された師団の兵備を把握することである。

草地参謀の本には、満州国の張景恵国務総理から「戦さをせずにこの街を残してほしい」と懇願され、やむなく関東軍は満州と北朝鮮の国境に近い通化に後退した経緯や、前線の師団や連隊がソ連軍と戦いながら後退して行くルートが書かれている。

出発前夜、その本の中から必要部分をコピーしてノートに挟み、就床した。だが眠れない。朝二時と四時に目が醒《さ》める。エイと起きてストレッチ体操を三十分ほどこなした。

長い旅の始まり

途中の売店で中国地図を買う。

すべての出国手続きを終えると、到着ロビーに出る。うす暗いロビーにはカタカナ文字のツアー名のカードを持った現地案内役の旅行代理店の担当者が立っていた。ざっと二十社ほどが出迎えている。

安東の現地案内の「丹東国際旅行社」の曹慶凱部長は日本人担当で、元は数学の教師だった。若いころ共産党員になり、退職後に安東（丹東）旅行会社に勤め、一生懸命に日本語を勉強して中国要人を日本に案内したり、日本人観光客を満州に案内したりしていた。岡田さんと池田さんとは面識があり、今回のもっとも危険なソ満国境のガイド役を引き受けてもらった。曹さんは旅行案内業の国家試験を受けてパスした公認業者で、首には顔写真入りの身元証明証を入れたホルダーを掛けていた。

曹さんの中国語の発音は、映画「大地の子」の主人公、陸一心の声と似ていて親しみがあった。曹さんは中国では公開されていない映画「大地の子」のビデオをこっそりと入手。見ているうちに泣いてしまったという。

「ワタシ、ボロボロと泣きました。あの映画、とてもよかった。あの役者さん、中国語をきれいに話してましたよ。ワタシ、あの映画を見て日本語を勉強しましたよ」

百八十センチの曹さんは、半袖のシャツ、紺のズボン、スニーカーを履《は》いて立っていた。池田さんと岡田さんを見つけると、「ハイハイ。こっちですよ」と手を挙げた。

そこで岡田さんは、私たち五人を曹さんに紹介した。

バスはトヨタの中型バスで、持ち主はついこの前まで紅軍兵士だった李さんである。

李さんのフルネームを聞くのを忘れたが、十八年間勤めた紅軍兵を退《や》め、貯金して二十万元で新車のマイクロバスを買い、オーナードライバーとして旅行社と提携し、観光客を案内していた。痩せて浅黒く、小さいが鋭い眼をしていた。軍隊で鍛えた筋肉質の体をしている。

李さんは日本人観光客を運ぶのは初めてらしく、言葉も分からないためか、ちょっと緊張していた。吉林への十二時間近い運転のあと、曹さんの通訳で、ようやく会話を交わすようになるが、のちに悪路で大ピンチだったとき、李さんの勇気に救われることになる。私たちは元紅衛兵を見直すことになる。

明るいグリーンの李さんのバスは、空港から歩いて二分ほど先の駐車場に止まっていた。そこで李さんと初対面となる。それまでは旅行会社の社員とばかり思っていたが、大連から安東へ向かう高速道路を走っているうちに、曹さんの紹介で、マイクロバスのオーナーであることを知る。

バスは空港駐車場から郊外の高層マンションが立ち並ぶ新興住宅街や工場街を抜けて北上し、やがて右に折れて向きを東に変えた。旧市街を通るのかと思ったが高速に入ったため、高校時代の下宿先の親子が住んでいたという大連の街並みを見ることは出来なかった。スケジュールでは最終日が大連の大和ホテル泊まりなので、その日を楽しみにした。

途中で、鉄道が併行した。ガイドの曹さんの話では、「鉄道は大連港までの引き込み線で、安東までの計画もあり、三年後に開通見込みです。道路は昨年九月にようやく大連と安東間が開通したばかり。距離にして三百三十キロ。これから約四時間で安東に入る」とのこと。

十分ほど走ると、右手の丘に中国建設銀行の大きな建物と機上賓館のビルが視界に入る。

大連は私が高校のときに下宿していた家族が、終戦直後まで住んでいた都である。主人は満鉄の鉄道員で、先に家族が引揚船で帰国し、主人は数年後に帰された。すべてを失い、身ひとつでの引き揚げで、古い家をリフォームして下宿屋を営んでいた。主人は帰国後、国鉄に入り、停年まで働いた。しかし、満州での苦労話はほとんどしなかった。ただ夫人は、「ロスケに銃を突きつけられるので、地下室に隠れて親子でひと晩すごした」という話を聞かされた。

引き揚げから六十年近くなるのに、この家族はかつて住んでいた大連にはついに足を向けなかった。その理由を、バスの中で「なぜなんだろう」と考えたが、答えは出なかった。

バスは広い大通りに入った。左手に大連経済特区の工場が立ち並ぶ。道路に沿って日本企業名の看板が近づいてくる。ＹＫＫ、キャノンなど日本企業名が目立つ。日本企業が資本参加した合弁企業は百社に近かった。

大連の人口は約二百万人。日本人は一万人。合弁企業関係者と家族が常駐していた。右側には赤に白抜き文字で「天下有界、生活耳店」の看板が見えてきた。スローガンを掲げる共産党政策は、広大な中国を統一する上では欠かせない手段だ。スローガンがなしでは、中国人の愛国心は生まれまい。

ふと私は昭和七年一月の、石原莞爾参謀二課長の「五族協和」のスローガンを思い出した。あの時も新しい満州国を建国したさい、日満の民間人の間から満州協和会が生まれ、五族民族の協和を打ち出した。満州国の進む道筋、方針を全満州に広めたことでは大いに役に立った。満州人と日本人との協和が進み、昭和二十年八月九日、ソ連軍が侵攻してくるまでは内乱もなく、平和な生活が続いた。スローガンは広い土地では不可欠の手段である。

経済特区街を東へ進むと、また二輛編成の新しい電車とすれ違った。車輛は日本で見かけるアルミ製の快速電車に似ている。軽量の新しい型の車輛は、大連市内と東北方向の新興住宅街や工場と結ばれていた。この列車が三年後には安東に通ずることになれば、大連・安東・奉天を結ぶ旅行ルートが可能になる。それまで生きているだろうか。乗ってみたい。

バスは右に入って、水を買う。ペットボトル六本入りの箱を五箱買う。じつはこの水が原因で、翌日から下痢に苦しむ。単なる水道水を詰めた水で、衛生的でないことを後で知るが、私はすぐに水分補給したため、安東に着くなり下痢症状になって二週間、苦しむ。

ふたたび高速に入る。右手には南面傾斜のビニールハウスが見えてきた。まるで工場みたいだ。北側は高さ三メートルほどの垂直な土壁で、南に傾斜面があるところを見ると、多分にイチゴ栽培のハウスか。収穫を終えたばかりか廃業したかであろう。バスからのぞくと、中には何もなかった。

そこから二時間ほどすると、田んぼの中のドライブインに入った。ここが初めて満州の土地を踏んだ場所になる。ドライブインはまだ新しい平屋の建物で、左が白い壁の賓館。右がトイレと土産品売場の建物である。中央玄関の軒下には、「大孤山服〓区、安全発展、国泰民安」のスローガンの看板。その下の広場には、コカコーラのビーチパラソルが四本立っている。

私たちはここで全員が用たしをする。ついでに土産品売場へと歩いた。可愛い少女二人が売場にいた。土産品を買うにはまだ早い。歩いていると、右手の棚に地図が立てかけられているのが目に入る。私は「中国道路交通地図」を三十元で買う。A3判のロードアトラスで、スコットランドの本屋で買った「イギリスアトラス」と同じサイズだ。

ドライブインの建物の玄関には、紅軍兵が一人立って警備していた。不審者を見張っている。もしも私が個人旅行者だったら、まっ先に捕まり身元調査だろう。幸い曹さんがいるので警戒されずにすむ。

その玄関の階段を上がるさい、ニイハオと言葉をかけると、紅軍兵はニタっと笑ってニイハオと応じた。人間、言葉は知らなくても、たった四文字で挨拶するだけで心が通じ合えるものである。見た目には私たちが朝鮮人か日本人か、分からなかっただろうが、そのうちに日本語が飛び交うと、ちょっと首をかしげた。しかしその表情は、先ほどよりも和《やわ》らいでいた。

小休憩すると、バスは安東へ向かう。今度は水田地帯を東へ走る。水田では二人の農夫が這うようにして水田の草とりをしていた。バスの中で曹さんが、二週間の長い旅での注意点を日本語で説明した。

「満州の水は皆さん、呑まない方がよろしいです。私がペットボトルの水を買ってきましたから、それを呑んで下さい。満州の肉は古いですから、これも食べないで下さい。今、皆さんは元気な顔をしていますが、かならずと言ってよいほど、食事が合わずに、青い顔をされます。満州料理はなんでも油を使いますから、日本人には合わないですね。でも大丈夫、私が脂のない食堂を捜しますから」

曹さんはそのあと、自分が安東から鴨緑江を上流に行った恒仁《かんじん》生まれで、伯父は安東のマッチ工場で働いていて、「私は山で生まれた、山形県人です」とジョークを混じえて自己紹介した。

翌日、安東を発ってしばらくしてから、岡田さんが、「曹さんの奥さんは末期の肺ガンで、そう長くないらしい。看病できず、二週間ガイドの仕事に行くというんです。子供もいるから、辛いだろうな」と言われた。仕事とはいえ、曹さんは私たちに明るく振るまっていた。

国境の町安東入り

高速道路は安東から奉天（瀋陽）につながっている。バスは安東のインターチェンジで下りると、国道三〇四号線の桃鉄街に入った。道路が工事中で、いたる所で黄色い埃が立っていた。アスファルトを敷く金がないのか、陸からの玄関口は土埃《つちぼこり》だらけで、土壁の古い家がかすんで見えないほどだった。上半身裸の男たちが道路脇に座り込んでこっちを見ていた。活気のある街で、次に来る頃はきれいに舗装され、土埃のない街になっているだろう。

バスの後部席にいた看護師の池上文子さんが突然、

「曹さん、山手町の領事館跡は今も残っているかしらね。あたし、あの近くに住んでいたのよ。二〇〇一年に来たときはあったのよ」と訊《き》いた。

安東は曹さん家族が住み、旅行会社のある町で、隅々まで知っていた。

「あれはね、取り崩されました。軍の司令部になっていましたよ。神社のある所ですよね」

「はい。それじゃ、その前を通って行きましょうよ。それからホテルに向かってくれる？」

バスは土埃の中を走っていた。左右が見えない。突然、静かな走りに変わった。舗装道路に変わったのである。両脇は白い木肌のポプラの街路樹が植えられていたが、水不足なのか、どれも土埃をかぶって項垂《うなだ》れていた。

突然、バスの前方に、ピラミッドのように突き出している白い岩山が見えてきた。戦前、日本人がカブト山と呼んだ帽盔《ぼうかい》山である。その辺りに工場の白い煙突が二本立っている。戦前は王子製紙や東洋紡の工場があって、安東は製紙と紡績の町として栄え、今もその名残りがある。初めて見る、満州残映である。

バスは池上さん家族が住んでいたという山手町の高台に上がった。眼下に市街地とその向こうに濁った鴨緑江が見えた。私たちは高台に止まり、バスの中から領事館跡を捜した。今は公園になっていた。

「あら。何もない！」

左手のバスの窓から身を乗り出していた池上さんが声を出した。安東生まれの岡田さんが、「そういえばこの辺りにあったたな」と言った。しかし、今は軍司令部どころか、跡かたもない。

池上さんは諦めたのか、ガイドの曹さんに、

「残念。もういいです。行って下さい」と声をかけた。

それでも、池上さんは翌朝七時二十分頃、ホテルを出るまでの間、独りでもう一度、山手町の高台まで歩いて行った。住んでいた家の跡を捜したが、やはり見つからなかった。奉天に向かうバスの中で、

「もう、来ることはないだろうと思って行ってみたけど、なかったわ」

さみしく笑ってごまかした。

安東は、日露戦争直前の明治三十七年四月二十九日の夜、黒木為楨《ためもと》司令官の第一軍が水口鎮から鴨緑江を船で渡河し、五月一日の明け方から安東の九連城に主力を置くロシア軍を攻撃した。鴨緑江を渡河したのは第十二師団で、五月一日の午後までは九連城一帯を占領し、十一日には鳳凰城に進出した。ここで遼陽への前進のため補給を待った。

ところが安東への上陸は激戦で、ロシア軍の新兵器の機関銃により、日本軍は九百二十二名の死傷者を出した。日本軍は機関銃という新兵器の前に、初めて立ち往生する。

第二軍は鎮南沖に集結し、五月五日、塩大澳付近から上陸を開始し、南下して大連の北、南山での戦闘に入る。この南山戦で四千三百八十七名の死傷者を出し、大本営は「一桁ちがうのではないか」と首をかしげた。

安東は日本人が朝鮮半島経由で最初に居住したところで、日露戦争後は日本人が碁盤状の街なみを作った。旧日本人街はすべて二階建ての家で、道幅は四間、左右に一間幅の歩道があり、銀杏《いちょう》の並木が続いた。百年前の銀杏は枯れていたが、新たに植樹され、辛うじて昔の面影がある、と池上さんが語った。

日本人は朝鮮半島から北朝鮮の義州に出て、そこから渡船で河幅九百四十四メートルの鴨緑江を対岸の安東に渡って住みつく。安東はのちに満州本土への出入口となる。一九一一年(明治四十四年)、日本の技術者によって鴨緑江の鉄橋が架かると、満州と朝鮮の往来はスピードアップされ、あっという間に活気のある町となる。終戦前には人口四十万人に近かった。

鴨緑江橋は、河を往来する帆船・ジャンク船のため、一日に四回、橋の中ほどが回転式で開閉された。大きな歯車が今も昔の姿で残っている。ジャンク船の持ち主はほとんどが満州人や朝鮮人で、陸送、鉄道を利用する日本人との間には、互いに思いやりがあり、共生していた。

鉄道が入ると、安東の人は鴨緑江を渡り、物価の安い朝鮮で買物して帰っていた、とガイドの曹さんが語った。今は新しい義州の町、これは河から奥まった所に新しく作られた町で、新義州と呼ばれる。駅前には金正日の巨大な銅像が立っていて、夜はひと晩中ライトアップされているのが、対岸の安東のホテルの窓から眺望できた。中国人はライトアップされていることについて、

「あれは金正日さまが、夜は暗くて淋しいよと言っているので、あそこだけをライトアップしているんだってさ」と噂していた。

鴨緑江橋。左が現在使用中の鉄道橋。右が朝鮮動乱のさなか、中国共産兵の渡橋を断つため米軍機が空爆した橋。現在は観光用。

新義州と安東が鉄道で結ばれると、日本から満州へはこの橋を渡って、つぎつぎに奉天や新京、ハルビンへと上がって行った。その意味では、鴨緑江橋は日本・朝鮮・満州との生命の橋である。

朝鮮戦争当時、満州からの中共軍の渡河を断つため、米軍は満州文明の橋を空爆した。のちに朝鮮動乱後、もう一本の橋が北側に架橋される。

しかし中共軍は、鴨緑江の上流に筏の渡し橋を架け、関東軍から奪った兵器を背負って渡り、南朝鮮、アメリカ軍と勇敢に戦った。

「私はこの写真が大好きです。一九五〇年十月十九日、B29一機がこの橋の朝鮮側を空爆して切断しました。中国人にしてみれば、この日は憎むべき日です。でも中共軍は、筏を作ってその上を歩いて朝鮮戦争で戦いました。私、この写真が大好きです」

曹さんは、橋桁《はしげた》に貼られている「断橋秘話」と書いた一枚の写真の前で語った。その写真は河の中ほどが重みで水面に隠れたように弛《たる》んだ筏の上を、武器を担いだ中共軍の兵隊たちが渡って行くうしろ姿を写した白黒の写真である。

北朝鮮女兵士たちが手を振る

夕方、荷物をホテルに預けると、李さんのバスで鴨緑江橋を見物し、そのあと遊覧船に乗り込んだ。屋根のある木造船は、海外からの専用船らしく、船内には板のベンチがひとつある。私は岡田さんと並んでそのベンチに座って、川べりを見て楽しむのだが、驚いたことに、爆破された鴨緑江橋の下をひと回りしたあと、対岸の北朝鮮の川岸に近づいた。

川岸は古い警備艇が二隻係留されている。他はみな漁船である。護岸には釣りをしている裸の男たちがいた。竿を上げる動作をしない様子から、私には彼らは見張員に思えた。

遊覧船は対岸の二十メートルまで近づいた。私は川岸に座っている裸の男たちに手

空爆された鉄橋を下から見上げる。向こうは朝鮮側。

を挙げた。すると五、六人いた男たちが、こっちに手を挙げて笑っている。その男たちのうしろの方に、船の修理場らしき所が見えた。灰色の中古船が陸上げされていた。しかし修理しているふうではない。女の兵隊たちが四、五人、列をとって歩いていたが、私たちの方に手を振っていた。

と、突然、何が起きたのか、遊覧船はUターンした。北朝鮮の対岸に背を向けると、安東の方へ船足を早めた。ベンチにいた私と岡田さんは、思わず倒れそうになった。

「ここで、日本の女性がとび込んで朝鮮側へ泳いだんです。私が船で案内したんですが、あの女性は、ちょっと頭がおかしかったね。ほら、向こうの大きなホテルがあるでしょう。あのホテルに泊まっていました。

北朝鮮側の岸まで近づく。川岸には北朝鮮軍の警備艇がつながれていた。

本当におかしなひとでした」

曹さんが笑った。眼の前で河にとび込んだ大阪の女性を見ていたのだから、さぞ驚いたことだろう。私は新聞のニュースでその記事を読んだ覚えがある。「今どうしているのかな」と訊《き》くと、曹さんにも分からない、とのこと。

遊覧船には、体のがっちりした中国人の若い男がいた。ただ椅子に座っているだけで、私たちをじっと見張っていた。咄嗟《とっさ》に「公安員だな」と直感したので、カメラでの撮影は控えた。

私たちの乗った遊覧船が時計回りに航行し、安東の桟橋に引き返して間もなかった。二人乗りの小型ボートが、猛スピードで河のまん中を、橋の上流から航行してきた。

すると安東側から四人の男が乗り込んだ。赤旗を立てて対岸の方へ猛スピードで走った。私は密航者でも発見したのかと興味津々だった。

「国境は河のまん中ですか?」

北朝鮮国営のナイトクラブ。

私は曹さんに訊いた。そのわけは遊覧船は向こうの岸二十メートルに近づくまで寄ったのに、銃口を向けられなかったからである。河の中央なら領海侵犯になるはずだった。曹さんが言った。

「まん中ではありません。お互いの向こう岸までです。この河は双方が使用していいわけです。ほら、中国側にいるあの船——」と言って、川下の方を指さした。

「——あの船、貝を採っています。北朝鮮の船ですよ。中国と朝鮮は兄弟みたいなものですから。さっき見たでしょう、北朝鮮の美女軍団のキャバレーを。安東だけでも北朝鮮のコックを連れてきたキャバレーやレストランは十五軒あります。みんなここで稼《かせ》いで本国に送金しているんです」

美女軍団を見たのは、鴨緑江橋に行く途中、左手の海岸沿いにハングル語で書かれたビルの一階北口にある玄関口の前だった。私は左側の席にいたので、白い長袖のブラウスに赤いスカート、赤ベストを着た二人の女性が立っているのが見えた。私たちのバスを見て、いかにも「いらっしゃい」とばかりに白い歯を見せ、招くように微笑を浮かべていた。

「あれが美女軍団か。オレたちはまるで毒花に誘われる蝶だな」

私の目線は二人のホステスの眼と合った。よく見ると、二人は白い歯で笑いながら、私たちを呼び寄せていた。しかし私たちが無視し、反応しないと分かると、プイと横を見てささと店の中に入って行ったのである。

「十五軒もあるんですか。どういう客が入るんですか」

「さあ、皆さんたちかも知れませんよ」

「日本人観光客ですか」

「美女軍団ですからね。がっぽり巻き上げられて、裸にされて」

「鴨緑江に捨てられてフカの餌か」

私たち一行は、声を揃えて笑った。

「安東市の財政のためですよ。皆さん、これから長い旅ですから、パスです」

それにしても、橋を渡って北朝鮮に入るのを恐れた米軍が、日本がドイツ式の技術で架橋した鉄橋を爆破するとはいただけない。

ふと、その橋を振り向くと、十人ばかりの若い男女が、いや家族連れか、北朝鮮側へ歩いている。有料で、橋の上が歩けるようになっていた。爆破地点まで行って、引き返してくるという。私たちは船から見たが、レールが残った橋を歩いてみたくなった。

第2章　安東（丹東）にて

安東の朝を歩く

翌朝は曇り空だった。

私は十六階の部屋から、朝もやの中に、鴨緑江と中州の島、威化島を眼下に見る。新義州駅の辺りはひと晩中ライトアップされていたが、今は曇り空の中にくすぶって見えた。鴨緑江の向こう岸を右手に遡《さかのぼ》ると、その辺りは河近くで、終戦直後、引き揚げる日本人が漁船に乗り込んだところで、日本へ引き揚げる難民でごった返していた。今は魚取りの漁船三隻が船体を深く沈めている。

移動バスは七時半にホテル前を出る。まだ六時。六時半に各自、二十二階のレストランで朝食をとることになっている。私は朝食前に、朝の市街を歩いてみたくなり、そのままエレベーターでロビー階に下りた。

どうしても行って見届けたかったのは安東駅である。鴨緑江橋が架かってから安東駅ができ、ここで下車する者、そのまま奉天へ行く者と分かれた。安東駅は日本人が最初に足を踏み入れた満州国で、釜山から平壌、新義州経由で、多くの軍人や物資が満州に運び込まれた。鴨緑江を渡った日本人の中には、「もうこれで引き返せない」と振り返った人々が少なくなかった。

大連港に日本人が船で渡るのはそれから後のことだから、安東はすでにその頃、中国人、朝鮮人、日本人で賑わっていた。

岡田さんの父親は、駅前ホテルのワンフロアーを使って運送業を営み、景気がよかったそうである。物と人が動き、運転手と車が足りなかったほどだという。岡田さんは『満州辺境紀行』(潮書房光人新社刊)の中で、こう記している。

「水豊ダムは、父にとって特別な場所であった。一九一六年、単身、安東に来た父は、小さな運送店に住み込み店員として働いた。複雑な家庭事情から家(山口県)にいられなくなった父が自ら選択した生き方だった。尋常高等小学校を卒業したばかりの十五歳。以来、終戦の翌年まで父はこの地に留まり、妻を迎え、六人の子をもうけた。

(中略)」

「水豊ダムの工事は、私が生まれた一九三七年に始まった。安東の税関長だった人の世話で、父は水豊ダムで働く労務者らが必要とする雑貨運搬の仕事を得た。それによリ少し前の一九三二年に、父は運送店を継いで三代目の店主となっていた。このことは、父にとって大きな転機となった。特に商才があるとは思えない父の事業は、水豊ダムの仕事を得たことで飛躍的な発展を遂げたのである。

一九四二年、満州国の国策によって満州中の運送業者が国際運輸に統合された。父のような小さな業者もである。その時の買収額が二十五万円だったことは、引き揚げてから母から聞いた（中略）」

「父は平凡な男だ。役場の窓口か、田舎の小学校の先生が一番似合っている。そんな父が生涯で一度輝いた現場がこの水豊ダムなのである。『あの時は忙しかったけど、儲《もう》かった』と、満州時代のことはほとんど語ったことがない父だったが、祭の酒に酔ったはずみで、子供たちの前で、ふともらしたことがある（後略）」

岡田さんの父親の運送会社の事務所があったホテルは、今はデパートになっていた。私はそのデパートの前を通り、安東駅まで歩いた。六時すぎというのに、通勤する多くの男女が自転車やバイクで駅の方に向かっていた。ときどき乗用車が走ってきた。工場へ向かう人たちだろうか、たちまち車道は車の列となり、歩道を早足に歩く人たちで混雑しはじめた。

駅前には、外套《がいとう》を着て右手を挙げている毛沢東の銅像が立っていた。毛沢東の銅像は大体同じ大きさ、スタイルらしく、のちに行った吉林市公園の銅像も、外套スタイルだった。私が立っている街角から見る安東駅は、昔のように朝鮮からの列車は貨物列車がときたま通過するくらいで、ほとんど始発駅になっていた。

二〇〇六年に金正日が北京経由で中国南部の深圳へ視察に出かけたときは、行きも帰りもこの安東駅を通過した。だが中国の歴史は、鉄道が日本人技師によって造られたことには触れたがらない。満鉄が架橋した鎮江橋も黙殺されたままである。

駅から反対側の歩道を陸橋に引き返したときである。陸橋から山の方に向かって幅五十メートルほどの広い遊歩道を見つけた。歩道というよりもコンクリートの広場である。左右のビルの一階はショーウインドーで、明るい色のワンピースやスカートをつけたヨーロッパ系の顔をした色白のマネキン人形が立っていた。なかには台湾の企業名の店もある。

その広場の二ヵ所で、太極拳の稽古をしている老人グループがいた。なぜかほとんどが女性だった。老人もいれば四十代女性もいる。コーチをしている人は若い男性である。自転車の荷台には、布製の刀袋に入れた青龍刀が置かれていた。

仏教国の満州では、政治体制が共産主義に変わっても、老人や子供たちが大切にされていると聞く。病院と義務教育費は無料と聞かされたのは、旅が終わりに近づいた、黒河からの帰り道の、小さな村に新しい校舎が建てられているのを見ていたときである。村の家はどれも古いのに、学校だけが明るい緑色の建物だった。

学校といえば、共産党八十五周年を記念して三年前にようやく安東に遼東学院大が創立されていた。教育と理科系の総合大学で、安東市郊外にある敷地五万坪ほどのキャンパスである。吉林に通じる沈丹高速の入口に向かう途中で、その大学前を通った。学生たちが明るい表情で芝生の上を歩いていた。安東市の遊歩道の端には野外ステージがあった。アメリカ人の顔をした男五人のバンドマンの銅像が立っている。共産国家でバンドマンの銅像とは、これいかに？　である。

宿泊先の国際酒店に戻る頃は、自転車にかわって自動車、バスが車道をスピードアップして走っていた。交差点には信号がないので、車の切れ目を確認して渡ることになる。しかし、朝の七時頃なのに車の流れが切れない。私はかれこれ七、八分待った。それでも流れが切れないので、やむなく陸橋に上がって遠回りすることにした。

すると、白いドレスに黒のハイヒールを履《は》いた長身の女性が大股で歩いてきた。煤《すす》けた安東の市街には似合わない白いドレスは、一輪のランの花を思わせた。オフィスガールにしては着ているドレスが明るい。すれ違った若い男たちも、立ち止まって振り向き、その女性のうしろ姿を見ていた。女性はそのまま軽い足どりで歩いて行った。

ホテルに着くと、李さんの薄緑色のマイクロバスが、ホテルの玄関の横に待機していた。まだ出発には時間がある。だがロビーに入って驚いた。昨夜九時頃、船で着いたという若い朝鮮人のツアー客でロビーはごった返している。大きな声で叫び合うので、まるで怒号の渦だった。声量の違いを思い知らされる。

悲劇の摩天嶺捜し

これから十一日間の国境の長い旅である。

曹さんは自宅から大きな魔法壜と紙コップが入ったビニール袋を持って、バスに乗り込んできた。オーナードライバーの李さんは、オレンジ色の半袖シャツに黒ズボン。右手にペットボトル一本を摑み、運転席横のドアを開けて乗り込んだ。

団長の池田昌之さんも安東生まれで、旧安東中学出身である。個人的に曹さん夫婦と親しくしていて、今回のソ満国境ツアーのプランナーである。曹さんに無理を承知で、危険がともなうソ満国境への旅をお願いしてきた。これは旧市街の観光地めぐりではなく、まさに国境の旧日本人街と戦跡めぐりである。こうした機会は滅多になく、楽しみと不安が入り混じった旅であり、それなりに覚悟した。

朝七時三十分。バスは国際酒店を出発した。遼東大学前を通り、沈丹高速のインターチェンジに向かう。途中で私は珍しい地名を発見した。「道溝」とある。曹さんが解説してくれた。

「天の水は山から南の方へ流れ、溝ができます。山の方から一本の溝を一道溝、さらに二道溝、と溝ができ、合計八道溝あります。八道溝は金持ちが、七道溝には貧乏人が住んでいました。安東だけの地名かもしれません」

安東から吉林までは六百キロ。途中二時間おきに小休憩。トイレタイムをとっても、約十時間近い走行時間になる。日本で言えば東京・岡山間か。

バスは北へ北へと走るが、車は少なく、時速八十キロで走行した。地図によると鳳凰山の左側を通り、本渓を通過して奉天の外環状線を北に向かい、鉄嶺岭、四平、公主嶺、新京の東側を回り吉林市に入る。途中、連山関付近にある摩天嶺に上がる。

四平は、戦前には四平街と呼んだ。ここから吉林省になる。安東から奉天までが二百二十キロ。

安東を出ると、左右に栗林が広がってきた。自給自足するには栽培面積が広い。多分に日本人が持ち込んで植樹したのだろう。緩やかな山が続き、緑色の丘が続く。ち

ょうど栗の花が満開だった。この栗林の中を走ること約一時間。曹さんによると、

「ここの栗はほとんど日本に輸出されていて、中国全土の約三十パーセントを占める生産地。満州の運転手は、この沈丹高速を走るのが一番気持ちがよいそうです」

なるほど、左右に小高い山なみが続く。栗の花は萌《も》えるような白金色をしていた。ふと、私はロンドン空港から北のマンチェスターへ車で走った時の光景と似ていると思った。イギリスの高速のMロードはほとんどが地面に造られているので、左右の山や丘を見る目線は高い。無理に高架橋にせず、地面に幅五十メートルほどの道路を造っているから、左右の山なみを眺めながら走ることになる。しかしMロードは直線でなく、地形なりに緩やかなカーブになっているから、ドライバーは眠気に襲われない。

昔、地方のゼネコンの社員と一緒にロンドンからスコットランドへ六時間かけて車でMロードを走ったときのこと。彼はMロードを見たとき、「これじゃ建設会社は赤字倒産ですな。儲《もう》かりまへん」と笑った。まあ、日本の道路設計がいかに談合と高額見積もりで成り立っているか、関西の彼は手のうちを明かして見せた。

栗林を抜けると、バスは最初のインターチェンジ下馬塘を下り、国道三〇四号線に入った。高速に沿って南へと引き返す。右手に川がある。その川の向こうに奉天に続く鉄道レールが見えてきた。奉安線だ。すると青に白線が一本入った客車が、ゆっく

安東からの引揚者が葫蘆島をめざして歩いた。

りと奉天から安東方向へ走り去った。バスは川を渡り、奉安線の草加口駅の方に向かった。線路を渡り、駅の裏側の道を南へ走る。

曹さんと李さんも初めて通る道だった。二人は前もって日本人が命名した摩天嶺の位置と、そこへ続く道を調べていた。事前に見当をつけているふうだった。しかし、二人には引揚者たちが草加口駅で下ろされて、摩天嶺越えで引揚者たちが集まる葫蘆《コロ》島へ、足を引きずりながら幾日も歩いた悲劇は知らない。

「この辺りから入るはずですが……」

曹さんが地図を広げた。

道はアスファルトで舗装された坂道である。左右は丘で、所々に古い農家が点在していた。その道を西の方に約三十分ほど走る。道の左側には小川が流れていて「細川」とある。

奇妙なことに、道の両側には三十センチほどの石が、まるで子供がいたずらしたように並べられていた。車が対向車と擦《す》れ違うと、それらの石ころが邪魔になりそうに思えた。本当はそうではなく、それらの石ころは村人たちが、車が小川に落ちないように並べた、いわばガード役だった。

なるほど、昼間は遠くまで見渡せる。しかし夜道は外灯がなく、人間も明かりなしで歩くと、石がなければ川に落ちかねない。転落防止の効果としては、お金はかからず、じつに安全でかつ合理的である。何もお金をかけてガードレールやフェンスを造る必要はない。村人たちの気配りであり、生活の知恵だった。

しかし、行けども行けども標識が出てこない。はたして、日露戦で奉天に向かう日本軍や、戦後の引揚者がこの道を通ったのか、手掛かりがなく不安になってきた。確かにバスの行く手には、高い山が立ちはだかっている。だが誰も行ったことがなく、迷い出した。

道は左右にうねる。車一台が通れる道幅で、前方に野犬が伏せていた。そこに上半身裸の色黒の男たちがぶらぶらと出てきた。不思議なことに、子供たちを見かけない。

近くの農夫が途中までガイドをしてくれた。曹さんが通訳してくれる。

ふと私は映画「大地の子」の主人公、陸一心が妹の居所を突きとめて、老婦の家を訪ねるシーンを思い出した。舗装されていない石ころの農道をのぼり、右側の丘の中腹にある土塀の貧しい農家へつづく坂道を上がって行くシーンである。私たちがいる道路がまさしくそれに似ていた。

男たちがぶらぶらしていて、もしも見知らぬ日本人が一人で歩いていたら、金品を奪われたうえ、殺害されて裏山に埋められるかも知れない、そんな予感がした。幸いバスには元紅軍兵の李さんという強い味方がいて、なんとも心強かった。

「私があのじいさんに訊《き》いてみますか」

曹さんはバスを止めさせると外に出て、頭の禿げた白い肌着一枚の老人に近づいた。

二人は指を、山の方に突き出しては頷《うなず》き合った。そのうちに老人は、手を反対側に向けたりしている。しばらくして、曹さんが引き返してきた。

「確かに昔、日本人たちがこの道を歩いて行ったと、おじさんに聞いたことがあるそうです」

「それは日露戦のときですかね」

岡田さんが尋ねた。曹さんが老人に通訳した。

「日本人の引揚者たちも、ここを通ってあの山の方に、何十人も、行ったそうです」

老人といっても、私よりも若いようだった。

「引揚者」たちを見ていない年齢のようだったので、バスから下りて訊いた。曹さんが老人の言葉を訳して、

「この向こうの山です。この川も昔のままだそうです。父親から聞いたんでしょうね」

私たちは前方の山を見上げた。連山である。道の突き当たりの山はひときわ高い。

「あれが摩天嶺じゃないか。曹さん」

誰かが訊《たず》ねた。

「おじさんが、バスで案内すると言ってます」

曹さんは中国語で老人に話しかけ、バスに乗せた。ドアが閉まり、バスが動いた。老人が乗り込むと、曹さんは団長の池田さんにもらった日本からの土産のタバコ、セブンスターのワンカートンを崩し、お礼に一個さし上げた。老人は一度断わったが、曹さんが押しつけると、「謝謝」と言って受けとった。

このタバコは、行く先々で交友を深めるうえで効果を発揮した。摩天嶺の道場にある日本人墓を案内してくれた小柄な農夫にも、一箱をお礼にさし上げた。本人はうれしそうな顔をして、丁寧に道案内してくれた。

坂道を上がると、道は二つに分かれた。バスが通る道は新しく拡張され、長距離バス路線になっていた。李さんは、道が二つに分かれる辺りでバスを止めた。

右手を道なりに行くと幅二メートルの旧道がある。しかし、その道は使われてなくて、途中で塞がっていた。私はその坂道を百メートル先まで歩いたのだが、左右の山の線が重なる辺りが峠のように思えてきた。その峠を越えて摩天嶺に出たのではないか、と推測したのだ。そこが、辛うじて人馬で上がれる坂だったからである。

おそらくは日露戦争中、日本兵が築いた道路であろう。車の場合は道幅を広げ、急坂を上がるには高低差を五度から十度程度に保つ必要から、ジグザグの遠路になる。しかし人馬では、なるたけ遠路をとらない。多少の坂でも、なるべく直線に近い道を造って歩く。エンジンの力と人馬力の限界が、こうした道を造っていると思えた。

老人と別れると、バスは左手の舗装道路を上がった。一キロほど行くと道は右に折れた。約十度近い山の裾を切り開いた無舗装の新道を上がった。道は幾重にも折れており、一本の帯状に見える。

日本人墓地を捜す

バスは峠から下り道に入った。前方から長距離バスが土埃を巻いて上がってきた。私たちは右に寄って道を開け、バスを見送った。私はバスの行き先を見て「鞍山——カン山」とメモした。残念ながら、その時はカン山の漢字と地名が分からない。あとで地図を見ると、「連山关」のように思える。なにしろ中国語は簡略字体になっているので判読できない。多分、バスは私たちが来た道を東に向かったのだろう。

私たちのバスが峠を越えて十分ほど行くと、左手前方に農家が見えた。私たちはそこでバスを止め、若い農婦に、岡田さんがコピーしてきた日露戦当時の写真を見せた。その写真は山の上に神社があり、軍人たちが立っていた。

「この辺りに神社があったはずだが」と、通訳の曹さんを通して訊いた。半年も風呂に入っていないような浅黒い農婦は、山の方を指さした。

「今もあるそうです。木があって、そこにお寺の跡も墓もあるそうです」

曹さんの通訳を聞いた岡田さんは、思わず歓声を上げた。岡田さんは写真のコピーを、見上げる位置の山と裾野を重ね合わせて見較べた。なるほど今はトウモロコシ畑だが、裾野には樹木が繁り、写真で見る裸地はどこにもない。

写真では小さな神社が建ち、軍人も馬もいる。境内らしきものもある。向きは北向き。つまり北斜面から遠く奉天の方を向いている。

岡田さんは、今回のソ満国境ミニツアー計画の中で、何よりも優先していたのがこの摩天嶺であった。日露戦争の奉天会戦当時、第一軍は鳳凰城から北に攻め、草加士（草加口）方面から様子嶺、楡樹林子に行軍している。

私は、日本軍は摩天嶺ルートに入り、北側の裾野、といってもかなり高台になるが、はるか奉天を望む北斜面の平らな位置に、戦死兵たちを葬ったのではないか、と推測した。

しかし何処《どこ》にも、面影はない。戦死兵たちは土にかえり、落葉樹の森になっていた。

私たちは諦《あきら》めてバスに乗り込み、今来た道を引き返した。李さんは左へ曲がる道にバスを止めた。樹齢百年ほどの二本の唐松が、右前方二百メートルのところに、屹然《きつぜん》と立っている。何かの記念樹である。それが知りたくてバスを下りた。

日本人墓地があった所に２本の唐松。

しかし、トウモロコシ畑には道はなく、かといって踏み倒して歩くには農家に失礼である。よく見ると、人が歩けるほどの農道があった。車が入れる幅ではない。荷馬車ならぎりぎりのところだ。

私は勝手にその農道を上がった。進むと農道は二つに分かれた。右の道は人が歩いた様子ではない。雑草が膝まで茂っていた。私は五十メートルほど歩く。と今度は左右から灌木が道を塞いだ。目印の唐松はすぐ目の前にある。だが、そこに行く道がない。

私は尾根にある雑木を倒して進んだ。と左手を見たときである。そこからは西側の眼下に、畑であろう、平原が遠くまで広がっていた。樹木がなければ唐松は北側の、それも奉天側から遠望できる位置にある。

近くで見る二本の唐松は高さ三十メートルほどで、樹齢は八十年か百年か。それとも、もっと前か。日露戦当時か、満州事変当時に植樹されたものだろう。ただし満州事変当時は鉄道が発達していて、摩天嶺を踏破する必要はなかっただろう。それとも鞍山方面に出たのだろうか。

途中で行き違った小柄な農夫は、年格好から五十歳前後だった。彼はこの辺りのことを祖父や両親から聞いていたらしく、「ここらには神社が立っていて、日本人の神主もいた。日本人の墓だよ。今は祠《ほこら》がある」と話してくれた。

私が尾根を歩きながら足もとを見ていると、そこはどうやら道だった様子で、平らになっていた。しかし、私が歩いた道はどう見ても本道からは遠くなる。だが、戦術的に見ると、眼下に百八十度見渡せる高台になる。隊司令部の位置に適している。そんなことを考えながら道を下りると、その辺りだけが立木がない。本道から見上げると、トウモロコシ畑の向こうは雑木林が二本の唐松を取り囲んでいるように見えた。

裏から崖を下りると、この数十年近く野放し状態らしく、高さ五十センチほどの雑木が繁っていた。その根本に、私の眼が引きつけられた。地膚《じはだ》が心もち盛り上がっていたのである。私はその場から離れて周囲を見渡した。すると三つほど、大きな土饅《どまん》頭《じゅう》を発見した。雑木はその上に根づき、枝を伸ばしていた。

左手にはこの土地の人たちが建てたのであろう、高さ一メートルほどの小さな祠があった。白い花瓶もある。村人や身うちの人が、御盆に花を添えた様子が窺《うかが》えた。もっとも日露戦争で戦死した遺骨は、その後、関東軍の手によって日本に帰ったであろう。また昭和二十年八月の終戦までは、少なくとも関東軍や入植者たちによって手厚く管理・供養されたであろう。今は何ひとつ、跡かたもないが、二本の記念樹が残っていたのは、何よりも幸いであった。

帰りの途中に出会った農夫は、ほかにも日本人の墓があるといってバスに乗り込んだ。そこは唐松の位置から一キロほど戻った曲がり角のところである。農夫はバスから降りると、左手の方へ歩いた。そこは旧道だった。道がうねっている。道幅は牛車が通れるほどで、今はほとんど使用しておらず、雑草が茂っていた。かつてはここが本道だったのだろう。

「ここです。ここに眠っている人が、現地の中国人に、心の中で淋しい、助けて下さい、と夢の中で言ったそうです。それでお墓を建てた」と農夫が語った。

墓石は白いセメント製で、高さ百三十センチ、横三十センチ、厚さ五センチほどで、裏には「一九九二年四月四日立、朝灵之位」とある。その墓石の裏、山側には小さな土饅頭があった。中国政府はソ連と同じように慰霊碑や墓石を建てることを禁じているため、死に別れた人たちを慰霊することができず、知り合いの土地の人に、それとなく頼むほかなかった。墓石もつい最近、日本の遺族たちがお金を出してお願いしたものだろう。

ガイドの曹さんは、農夫の話を伝えた。

「日本人が亡くなって、土地の人に頼んで墓石を建ててもらったんでしょう。多分に引き揚げる途中、誰かが亡くなったんですね」

安東から帰国できなくなった邦人たちは、汽車で下馬塘駅で降ろされ、摩天嶺を越え、四、五日かけて鞍山、錦州に出て鉄道線路の上を、葫蘆島の港をめざして歩いたであろう。その間、老人、子供、女たちが亡くなるなど、摩天嶺への道は悲劇であり、恨みの道であった。

私たちのバスは未舗装の山道をのぼり、峠を越えて、老人に案内されたバス通りに引き返した。そのまま下馬塘駅の裏に出て、一軒の食堂に入った。公安の建物の二軒隣りに「山城酒店」という食堂があり、曹さんの交渉で奥の個室に入り、全員昼食をとった。土地の米は、かつて日本人が持ち込んで稲作造りを教えたものだが、今は誰一人知る者はいないようだった。

円卓には白米、野菜、焼飯など九品が大皿に盛り上げられて並べられた。大変な量である。食べ切れそうもない。

「中国人は沢山食べます。残してもいいんです。小さいとケチっていると思われるので、見栄《みえ》を張って大盛りで出すんです。これは本当の満州の田舎料理です。都会のレストランではこれほどの料理は食べられませんよ。私も久しぶりに満州の田舎料理を食べます」

曹さんの説明である。

第3章　なぜ吉林へ向かうか

司馬さんがいた四平戦車学校

バスは下馬塘站のインターチェンジに来ると、奉天方向に走り出した。行き交う車は少ない。半時間ほどすると、初めてのトンネルに入る。

高速道路は山の傾斜面を切り崩したり、トンネルを掘ったりしている。高速道路を走っているときには気づかなかったが、北に進むにつれて地形が高くなってきた。架橋やトンネルを縫って行くうちに、ひとつずつ上がっていた。

午後二時二十四分。奉天が近づいてきた。といってもバスは市内には寄らない。環状線の外側を右から回り込みながら北上する。

突然、私の前の席にいた篠崎さんが、ビデオカメラを首から下げて助手席に移動した。走行する前方の窓から、奉天の市街を映している。

奉天は、篠崎さんが生まれ育った土地である。父親は満鉄社員だった。商業高校まで住み、終戦前には朝鮮への疎開が始まって、子供たちは鉄道で鴨緑江港を渡って平壌に逃れている。だが終戦間近の頃、満鉄社員の子供たちは奉天に戻され、そこで両親と終戦を迎えている。

奉天と安東を走る奉安線（沈東線）は、川を隔てて窓の左側にある。旧国道は川と鉄道に沿って走っているが、高速道路は川の西側の高台を、まるで別世界に向けて走っている。青い車輌の客車が左手に見えてきた。

「おいしいお茶を、皆さんに差し上げます。これは私の家内が用意してくれたものです。お茶はこの魔法瓶の中にたっぷり入っています。中国のお茶、特に丹東のお茶はおいしいです」

曹さんは紙コップを助手席の下から取り出した。大きめの魔法瓶の取り口に紙コップの口を当て、蓋の部分を押してお茶を注いだ。それを通路を歩きながら、一人一人に手渡した。

曹さんの奥さんは肺ガンを患い、余命いくばくもない身である。それなのに未踏のソ満国境に行く私たちのため、前夜、丹東茶の入ったヤカンにお湯を注ぎ、それを魔法瓶に移して満杯にしていた。日本を発《た》つときから冷たい飲物しか摂っていなかった私には、暖かい薬草の入った丹東茶は胃にやさしく、旅をなごませてくれた。

「奥さんは、二週間のガイド中に亡くなったりしませんか。心配ですね」

誰かが訊くと、曹さんは、「大丈夫、私にそう言いましたから」と笑った。

お茶を呑んだ後部席の池上さんが中国語で、「ああ、多謝、多謝……」と声に出して喜んだ。

バスはやがて右手に本鶏湖を見て北へ向かう。右手に鉱山の大きな煙突が見えてきた。その一帯は工場の建物で、外周には白い壁の社宅を取り囲むように並んでいた。そこはかつて日本の大倉組の鉱山で、山の中には何キロにも及ぶトンネルが掘りめぐらされて、坑内には貨車や自動車が走っている、と聞く。大倉財閥の大倉喜八郎は、満州の鉄鉱石事業に進出したが、のちに日産コンツェルンの鮎川義介にとられるが、終戦まで鉄鉱石を掘り、軍需産業、製鉄用に使われた。その遺産は、今では中国政府の重要産業のひとつになっている。

私が、敗戦で置き去りにされた重工業の鉱山を目にするのはこれが最初である。もちろん、日本は満州鉄道や道路も残してきた。

「あの敗戦がなければ」「ソ連が攻めてこなければ」「日米開戦がなければ」――もっ

と、遡《さかのぼ》れば、「参謀本部の石原莞爾部長の反対を押し切っての日支事変さえなければ、満州国は残り、満州以外の中国人たちは、満州の繁栄を羨《うらや》ましく思っただろう」と、窓外に広がる鉱業地帯を見ながら、私は感傷的になり出していた。

沈哈高速、役人公用車が猛スピード

高速道路が奉天の東側に近づく頃、大地に合流するように、バスは下りに入った。左右に広大なトウモロコシ畑が続く。大地の中に道幅五十メートルの三車線の高速道路が南北に走っている。

沈東線が大連方面や錦州、台安方面からの道路と合流するのは、奉天の外環状線に入ってからである。急に大型トレーラーなど、大型貨物のトラックが併走しはじめる。日本ではあまり見かけない三十トン近い大型トラックが、私たちのバスを追い越した。人間でいえば、大動脈の中を走っているように私には思えてきた。つぎつぎに大型トラックが唸りをあげながら追い越して行く。ほとんどのトラックは、橋梁や建材、鉄骨を運んでいる。この先で大きな国家プロジェクトが進んでいるらしい。

外環状線を北に走る。高速名は長春に続く「沈哈高速」に変わった。バスはここでひと休みするためドライブインに入った。そこには大型トラックが数十台、体をぶつけ合うようにして停まっていた。建物の北側にはドライバー用の洗面所がある。水道の蛇口が八個。そこで上半身裸の男たちが、頭から突っ込み、頭を冷やし、顔を洗っていた。

北に向かっているのになぜか暑い。休憩所は水田の中にあって湿気も多い。陽やけした顔、白い肌の太った男、多くは李さんのように痩せて浅黒い。何日も石鹼で体を洗っていないのだろう、肌は黒びかりしている。

公衆トイレに入ると水洗ではないため、大変だ。使用するのもまた大変。足を置くにもひと苦労する。噂には聞いていたが、公衆トイレは使用しないこと。ホテルまでガマンだ。あまりにもひどい。

昭和八年、石原莞爾大佐がモスクワに行くためウラジオストックから鉄道で入る。その時もウラジオストックで泊まったホテルのトイレのひどさを、モスクワでソ連の参謀総長と会ったさい、「ひどいトイレだ。なんだこの国は?」と怒ったのを思い出した。

休憩所のレストランに入ってまた驚く。暑いせいもあるが、男たちはみんな上半身、脂ぎった裸のままで食事している。女たちは夏地の白いブラウス。なのにどの男も裸。肌着一枚ぐらい着るべきだろう、素裸での食事姿はいただけない。戦前の満州よりもモラル低下だ。食事中、なるだけ彼の方を見ないようにした。

沈哈高速に戻り、ふたたび北へ走る。左右はポプラの並木。ポプラの白い花が綿のようにアスファルト上に舞っていた。李さんのマイクロバスのフロントガラスに花がぶつかって一瞬、眼前がまっ白になった。しばらくすると、風に吹かれて飛ばされて消えた。そこを黒塗りのドイツ車アウディが猛速度で追い越して行った。

この高級車は役人専用車で、わがもの顔でつぎつぎに追い越して行く。吉林市の郊外に近づいた頃だった。うしろから中国語で、

「そこの日本製のバス、どきなさい！」とマイクで呼びかけられた。

李さんはちょっと右に寄せた。瞬間、役人の公用車は私たちのバスを追い越し、二百キロ近い猛スピードで走って行った。しかし、曹さんは黙ったままだった。

開原は奉天から北へ約五十キロである。四平と奉天の中間になる。相変わらず大型貨物車の縦列が続く。よく見ると、運転手は上半身裸だ。

四平は、戦前の日本では四平街と称した。関東軍の機甲軍司令部と飛行旅団があった。機甲軍司令部は昭和十八年十一月、南方戦線に移動させられ、ほとんどが全滅した。ここには戦車の機甲兵を育てる教育機関「四平戦車学校」があった。

戦車学校はほかに寧安にもあった。寧安には戦車第一師団があったが、終戦間ぎわ

の三月に沖縄へ移動となり、その後には学徒出陣の生徒たちが送り込まれて「戦車体当たり教育」を受け、対ソ連戦車に備えた。戦車そのものは南方に送られており、生徒たちはアンパンと呼ばれる十キロ爆弾を抱え、敵戦車に体当たりするという自爆戦の訓練である。

同じく四平街の戦車学校でも、内地で初年兵教育を受けた兵士たちが送り込まれた。作家の司馬遼太郎（本名、福田）もその一人で、学徒出陣の司馬さんは、兵庫県の青野ヶ原で初年兵教育を受けると、四平戦車学校に入れられ、戦車兵科で教育を受けた。ここで教育を受けた生徒は満州東部の前線に配置され、対ソ連戦に備えた。司馬さんがいた戦車連隊は終戦前には満州東部に移動し、ウスリー河を挟んでソ連軍と対峙していた。

飛行旅団もここで教育を受けると東安や勃利の旅団に入り、東満の守備についた。

四平街は平らな大地で、東西南北のどまん中に位置し、教育施設向きの場所である。しかし今は、広大な平地は、見渡す限り、ガソリン代用のトウモロコシ畑である。

中国はここ数年、ガソリン欠乏を見越して代用ガソリンに、トウモロコシでつくるメタノールを使いはじめている。トウモロコシを醸酵させてアルコールを造る。バーボンウイスキーがそれで、ガソリンに混合させている。南米ではサトウキビから燃料アルコールを造り、やはりガソリンに混合させている。

中国はトウモロコシからアルコールを造り、約十五パーセント近く、代用されている。日本ではエンジンがダメになる、との理由で未使用だが、広い中国、特に満州ではそうは言っておれない。エネルギー不足はそこまで来ていて、石油にかわって植物からアルコールを造ったり、石油の代替として石炭液化技術、未開発のオイルシェール資源の開発に取り組んでいる。

行き交う大型貨物車の中には、爪ほどの小さな石炭を運んでいる車があった。燃料用にしては小さい。それが液化用の石炭であることを知るのは、のちに私たちが石炭の町、鶴崗炭坑に入ってからである。

開原で、右手に満鉄本線の鉄道を見た。満州を南北に縦に割って走る満鉄は、今はドア・ツウ・ドアの自動車に敗れて、貨物列車は吉林駅で見るまで、お目にかからなかった。客車の数も少ない。

昌図での休憩を終えて北上すると、満鉄本線は今度は左手に見えてきた。しかし列車とはついに出会うことがない。見渡す限りトウモロコシ畑だ。ところどころ右手に麦畑が見える。出会わないといえば、まだ飛行機を見かけない。広大な大地を飛行機が飛翔しないのは、経済力のなさといえばそれまでだが、突き詰めれば、必要がないからである。

従軍看護婦の歌

トウモロコシ畑を強引に切り開いて造った高速道路は、昌図を出て二十分ほど北に進む。突然、渋滞した。料金所のゲートである。道路は片側二車線になるので、渋滞が始まったのである。前も後ろも大型貨物自動車。併走していた貨物車が、李さんのマイクロバスの前に割り込んだ。そのため前方は何も見えない。

右横をみると、「広告公庁」「保障道路」と横書きの大きな看板。

道路使用料金百七十元を払って前に出ると、一キロ先に、また料金所のゲートがある。ゲート近くに行くと、あちこちで、ガタン、ガタン、グウンという大きな音がして車が一時停止した。防犯上の停止用マウンドでも仕掛けられているのかと思ったら、そうではなかった。

重量計だった。料金所前で重量別に高速道路料金を規定している。道路を傷《いた》めるのは単に大きいだけではなく、「重さ」という判断からである。同じ大きさでも空車と二十トン荷物とでは、道路の傷みぐあいが違うから、重量別料金こそ公平な判断というのである。これには感心した。

ガタンという音がしたとき、自動的に重量が計算され、料金所横にきたときには料金のランプが点滅していた。

「ここから吉林省です。これ、吉林省ルールね」と、ガイドの曹さんが笑った。

なるほど、ゲートには「四平服務区」「建設平安吉林」とある。

二車線のアスファルト道路は、果てしもなく長く伸びている。道路はあちこち傷んでいて、走っていると李さんのバスは左右に揺れ出した。乗客の私たちも、まっすぐに座っているのに、頭だけが左右に揺れる。揺れないように力を入れていると、今度は肩に力が入った。

こんな状態で、大型車と競うように走っていた私たちのバスに、マイクで、

「そこのバス、除《よ》けなさい！」と中国語で呼びかける者がいる。

臨検かな、と心配していたら、またも一台の黒い大型のアウディが、さーっと走り抜けて行った。役人専用の公用車である。

黒のアウディは、その後いたるところで見かけた。共産党員でなければ役人になれないこの国では、幹部には黒塗りのアウディが与えられる。それを知ったとき、ドイツはしたたかな国だなと思った。自動車工場を進出させ、中国政府に深く喰い込んでいた。日本車はほとんど見ない。

ドイツと中国関係で思い出されることは、昭和十二年の上海事変前後のことである。日本とドイツは「日独防共協定」を結んでいるにもかかわらず、ヒトラーのドイツ政府は、中国（当時は国民党政府）に三十人の軍事顧問団を送り込み、大量の武器を売りつけ、日本と戦わせていた。あまり感心しないお国ではある。

アレクサンダー・フォン・ハルケルンハイサー顧問団長は、対日戦のため、上海の西、及び呉淞《ウースン》、南京の北、揚子江に面した湿地帯や高地に、厚さ一メートルのコンクリート製のドイツ式トーチカを、何百キロにわたって構築し、徹底抗戦の構えをとった。

わずか三ヵ月や半年で構築したとは思えない要塞で、上海派遣軍はこれらの要塞により二ヵ月間も足止めを喰らい、二万人を超える死傷者を出した。

当時のヒトラーは「日本との防共協定は守る。中国への武器輸出の偽装はやる」と言って、中国と日本を戦わせ、中国からは膨大な利益を手にしている。上海戦及び南京戦は、いわば同盟国の日独戦でもあった。

私は満州以外の中国には行ったことがないので不明だが、ドイツは中国政府へ相当に投資している。車に関しては、たとえ燃費を喰ってもドイツ車が世界一と思っている。エネルギー不足でバスや一般庶民には人造アルコールを混入させたガソリンを勧めながら、政府幹部は高燃費のドイツ車にガソリンをたらふく喰わせている。いくら日本車が低燃費といっても、公用車は省エネには関係ないのかも知れない。

道路は利用者（車）負担による道路特別税収で補修したり、延長工事をするなど、日本式をとっている。隣りの黒龍江省では、一般道路でも使用料をとっていた。しかも近くの農場へ行く農耕用トラクターからも使用料をとっていたが、もとは農道であったわけで、耕耘《こううん》機からも利用税をとるというのは意外であった。

高速道路に凹面（窪み）が多い原因は、まだアスファルトが充分に乾かないうちに大型トラックが通行するためか、それとも手抜き工事のためか、いずれかであろう。むしろコンクリート道路の方が凹面はできないと分かっているはずだが、どうやら安上がりのアスファルトにして手抜きをしているように思える。

バスは左右に揺れると疲れる。大型トラックのタイヤは揺れを感じないだろうが、マイクロバスや乗用車はうねるようにして走行するため、車酔いさえ感じた。

屯家塔出口にきた時は、すでに夕暮れに近かった。あちこちの赤い看板に、「明日世界看車方」と白いペンキで書かれた共産党のスローガンの看板が目に入った。

トラックを見ると、「黒A」とか「黒B」「黒L」といったアルファベット文字で区別した車輌ナンバープレートの車が目立ってきた。A、B、Cで町の大きさを分類していた。Ａは一番大きなハルビン、Ｂはチチハルである。Ｌになると小さな町だそうだ。アメリカ嫌いな中国が英語のアルファベットを使用した例は、北朝鮮船にもあるが、なぜ市町名に、たとえば「黒・哈」とか「黒・孫」と地名を使わないのか、と疑問を感じた。

公主嶺は奉天と四平街との中間に位置している。かつてここには関東軍の飛行場があった。首都・新京を護る陸軍航空基地で、爆撃機、戦闘機が飛行していた。また昭和十九年六月まで六十八師団がいたが、師団は南方抽出、転用となり、独立戦車第九師団が残った。

八月十日、ソ連のザバイカル方面軍は満州の西武、内蒙古から侵入して、一気に公主嶺と新京を攻めた。奉天には第三軍司令部と独立混成百三十三旅団、百四十八師団がいたが、張景恵国務総理から、「新京の街を戦禍から守りたい。それには、新京での交戦を避けてほしい」との申し出があって、関東軍は新京での交戦を避けるため、通化へ後退した。

新京を無武装化することは、チチハルもハルビンも吉林も奉天も無武装化することになる。なぜ死にもの狂いで戦わなかったのか、ずっと気になっていた。

関東軍作戦班長の草地貞吾大佐は、回顧録の中で「新京を無武装宣言でもすれば、新京の街都と住民だけは戦禍から免《まぬか》れるかも知れないが、それでは他の都市が承知すまい。田舎の住民でも、開拓地の要員でも、その数は少ないであろうが、命の惜しさ、人間性の重たさにおいては新京の人々と変わりはないのである。いったいあの戦争で新京だけの無防備が許されようか。だからと言って、全満主要都市の無防備、さらに全満の無武装を主張するのは、完全非戦論者のいうところであって、全く関東軍の実在を無視するものだ」

草地は昭和二十年八月十三日、秦《はた》総参謀長と張景恵総理に呼ばれ、「新京の都を戦禍の中にさらして灰燼にしてしまいたくない」との張総理の意見に対し、

「現在は何を措《お》いても作戦第一のときです。ことは機密に属します。新京で作戦するということも断言できなければ、新京で作戦しないということも断言できません」と言い放った。

それから二日後の十五日、終戦の放送があり、全満州も武装を放棄することになる。これが前線の開拓民たちの悲劇を生むことになった。

バスは新京には寄らず、新京を取り囲む環状線を東へ九十度、方向を変えた。夕暮れということもあり、高速の方向指示の標識が李さんに判読できなかったのか、バスは北へ北へと、哈爾濱《ハルビン》の方へ北上していた。途中で様子がおかしいのに気づき、ユー

ターンしてまた外環状線に戻り、地上に下りて、吉林への長吉高速に乗った。みんな、ほっとした。

あと二時間ほどで吉林というところで、急に疲れが出た。時計を見ると、午後七時五十分である。どこか食堂を捜して夕食をとる予定だったが、ホテルへのチェックインのこともあり、そのまま吉林市へ直行することになった。

窓外を見ると、日が落ちはじめていた。西陽はバスの後方にあった。左右の窓外には低い丘が続く。東北の大食糧庫と呼ばれる農地が蜒々と広がる。かつて日本の開拓民が開拓した農地もある。今はすべて中国人の物になって、眼の前に広がる。急に、またも私は「あのとき――」と、太平洋戦争を恨み、感傷的になっていた。みんなも無口になった。

そのとき、後方の席にいた池上さんが、

「私はね、呉の従道学校を出たんですよ。西郷従道の名前の学校です。そこを出て、看護婦の学校に。そこでね、従軍看護婦の歌をうたったのよ。聞いてくれる？」

作詞・作曲者は不明という従軍看護婦の歌を、池上さんが唱ってくれたとき、私の感傷的な心は吹きとんでいた。あとで歌詞を書いてもらったが、素晴らしい内容である。「小国日本」は、みんなお国のために働いていたことが理解できる。池上さんの歌に、私は救われた気持ちになった。

従軍看護婦の歌

一、火砲の響き遠ざかる
辺りは虫も声立てず
吹き立つ風は生臭く
紅染めし草の色

二、分きてすごしは敵味方
帽子飛び去り袖千切れ
倒れし兵の顔色は
野辺の草端にさも似たり

安東を発って十三時間。高速だけの距離で八百四十四キロ。途中、摩天嶺に往復しているから、八百五十キロ近く走ったことになる。その前日は、大連・安東間三百六十六キロを往復しているから、バスのオーナーで運転手の李さんは、合計千五百八十二キロを走行したことになる。

「なんてタフな運転手であろう」と私は感心した。無口な、痩せたこの男と、手話や筆談で会話することになったのは、私が消化不良で最初にダウンし、激しい下痢と発熱で食事がとれなくなった四日目である。彼も満州の油料理が体質に合わないのか、ほとんど白米に料理をちょっと乗せて食べるだけにしていた。

彼の過去を知るのは、私たちが黒河に着いた夜のことである。彼は中国軍の工科兵で、十八年間勤め、退めてバスを買い、オーナーになった話を聞いた。軍隊では主に橋を造ったり、トラックや兵器を修理したりしている。十八年間の軍籍からすると、叩き上げの軍曹か中尉あたりまで行ったのだろう。私たちは、この李さんに、何度も救われるのである。

常に公安にマークされていた

高速道から一般道路に入った頃には、すでに真っ暗になっていた。満州の道路には外灯がなく、辺りの様子はまったく分からない。李さんと曹さんは地図をたよりに、暗い公道に眼をこらす。暗闇に川が見えてきた。それも広い川だ。松花江である。安東を発ってから大きな川を見るのはこの時が初めてである。みんな首を伸ばした。

やがてバスは吉林公路に入った。ガタッと揺れた。長図線の踏み切りを右に渡った。

道幅五十メートルの道に出た。左右に平屋の古びた土造の民家がかすかに見える。窓からは明かりがこぼれている。人が歩道を歩いていた。

七月の満州は一年中でもっとも過ごしやすい季節である。裸で歩く者もいる。行き交う車は、線路沿いに東へ行くにつれて増えてきた。

二度めに松花江を見たのは、線路を左に渡ったときである。今までの貧民街をかき捨てるように、前方がパッと明るくなった。中層のアパートやビルの窓には明かりがともり、街路には小さな外灯がついていた。足元が辛うじて判別できる。

しばらく川沿いに走る。水辺に対岸の外灯や高層アパートの灯りが落ちている。まるで湖のような川で、流れを感じさせない。

向こうの左前方に、屋上の看板をライトアップした三十階建て高層ビルが見えた。屋上の金色にライトアップされたものは、女性のハイヒールのようにも見えた。

「ハイヒールよ、絶対に」と池上さんが言った。なるほど、バスの中から見ると黄金のハイヒールのようでもある。そのビルだけが抜きん出て高い。翌朝、そのビルの正体が分かる。数年前までは旧満州電化の本社ビル跡で、スクラップして高層ビルに建てかえられていた。

川の向こうは満鉄が投資した化学工場の敷地と本社ビルと日本人住宅街である。現在はホテルになっていた。また、その全域には吉化聏工大学工業高校、电石中学校などがある。

ホテルは霧淞賓館という、教会の入口を思わせる間口一間の狭い玄関になっている。長い旅のはてに着いた夜、チェックインすると、そのまま一階のレストランで夕食をとることにした。十三時間近い長いバス移動だが、横になっていたので疲れは感じない。

ガイドの曹さんが、私たちのため小麦粉のダンゴ、三角形のモチなど日本人好みの料理を一品ずつ注文してくれた。火を通したものなので、衛生上は支障なく食べられた。

その夜はひとまず全員が部屋に入る。冬の寒さを防ぐためか、北向きの玄関は人間一人しか通れぬ狭さである。しかしロビーは広い。部屋は各自ツインルーム。窓からは松花江が見えた。

だが、すぐ左前方ではホテルの増築工事が続いていた。重機の音と鉄骨を叩く打音が気になった。夜九時になってもやめない。日本人流に考えたのが甘かった。なんと深夜十二時まで続いた。翌朝は四時頃から工事を再開した。これじゃお客は眠れないと思っていたら、深夜寝についても、ほとんど眠れなかった。

驚いたことに、増築工事現場は、ホテルの施設である。ホテルにはお客が宿泊しているのに、宿泊客の安眠など考えないらしい。「お金はとっても眠らせない」では、客商売ではない。

このホテルには二泊したが、二泊目も同じだった。誰ひとり苦情を言う者がいないからだろう。一泊して翌朝出発する客にしてみれば、「今日でおさらば」というわけで、文句や苦情を言ったところで始まらない。私たちも互いに「うるさくて眠れなかった」と慰め合うだけだった。

それでも団体宿泊客は多い。静かな川の向こうという所在地が人気を呼んだのだろうが、泊まってがっくり。そのうえ、近くには駅があり、ひと晩中、満州電化の荷物列車の連結作業で、ガタンゴトンと音がして、これも安眠を妨害していた。

水の都・吉林

吉林市は水の都である。市の中心を川幅千メートルの松花江が流れる。水面に動きがなく、湖と見間違えるほどだ。

水源は松花湖（豊満ダム）で、満鉄の久保田豊技師が東洋一の豊満ダムを築き、十基の水力発電と飲料、工業用水を貯えた。このダムがなかったら、吉林はおろか、新京まで電力を運ぶことはできなかった。いわば、吉林省の生命の水である。

しかし、日本人が築いた功績は、どこにも記録されていない。小中学生にも教えていないばかりか、逆に中国人が築いた、と教えている。子供は洗脳されやすい。一度教わると、そのとおりに記憶する。だから不幸にも、日本の技術者が命を落として築き、残したもの、という認識はない。

人口は政府発表では百七十九万人となっているが、現地ガイドによると二百万人を越えている、という。かつて漢民族が入ってくるまで、この吉林は吉林浦といわれた。浦は川、松花は白い川の意味である。今日では、朝鮮系中国人の急増が目立つ。

翌朝、私は睡眠不足でボーッとしている頭を整理するため、松花江の川岸に立った。対岸の道路では、何か発声練習でもしているのか、「アー」と長い声がこちら側に聞こえてくる。

この朝知ったことだが、私たちがいる川のこちらは市外地で、満州電化、満州人造石油、浅野洋灰、東洋製麻などの社宅や学校、貨物専用駅があるだけで、ホテルは二つしかない。観光地でも市街地でもない。背後には山を背負っていて、工場街である。発声練習をしている対岸の方が市街地で、双眼鏡で見ると、近代的な白い壁、オレンジ色の壁をした五階建てのアパートが並んでいる。

ちょうど私が立っているところから左手が東で、対岸は南だった。朝日が上がって、川があるのに湿気はなく、実に居心地の良い古都である。しかし冬は川が凍り、向こう岸へ歩いて渡れるという。現地ガイドの周さんの話では、

「冬は台湾からの観光客が多い。樹霜の頃はとっても美しいんです。ホテルの窓から見ると一面雪です。防寒具をつけて歩く台湾や香港の観光客は大喜びです」

日本人観光客は皆無に近く、今夜は私たちだけだった、と周さんが話した。彼は仙台で二年ほど苦学し、そこで日本語を覚え、留学生を日本に送る日中会話学校を経営していた。日本での礼儀作法、言葉遣い、挨拶の仕方、日本語会話を身につける専門学校である。

「でも、この頃、入学者が少なくなったので、他のビジネスを考えている」

現地ガイドはアルバイトである。大連や安東の旅行代理店からの依頼を受けて、日本人観光客の現地ガイドを引き受けていた。彼の自慢は一人息子のことで、「とても頭がいい。将来は瀋陽大学の法学部に入れたい」といった。

瀋陽大学法学部は、満州切ってのエリートの学部で、卒業者は役人になり、党の書記になる。かつては満州事変後、関東軍が優秀な官僚を育てた大同学院が、そのままそっくり法学部になっているから、満州で一番伝統のある学部である。

関東軍ならず、日本政府は昭和八年から役人を満州に送り込み、大同学院で満語会話、地理、歴史、民俗などを三ヵ月間学び、満州政府の役人にした。今では満州一のエリート学部。周さんは息子がそこに入学する日を夢見て、一生懸命に働くという。子供といえば、ここでもほとんど見かけない。少子化運動が成功して、集団で遊んでいるところも見かけない。子供の集団を見たのは最後の国境の街、黒河である。それも帰る朝、旧日本領事館の建物からゾロゾロと出てきて整列した。中国は旧日本領事館など官庁の建物は学校用に使用したり、中国銀行の所有になったりしている。ほとんどが学校だが、旧日本の造った建物で、反日教育をするのだから、中国という国は理解に苦しむ。

第4章　悲劇の東満

静かなる松花江

昼間に見る松花江は、まったく流れを感じさせなかった。枯枝が二本、ゆっくりと流れているほか、流れを感じさるものがない。蛇のようにくねって流れている。水深はいかほどか分からない。川幅は右手の橋桁から想像するほかない。アーチ型の橋桁は十二個である。大よそ千メートル。

私が川の向こうをスケッチしていると、白い長袖のワイシャツに黒ズボンの中背の男二人が近よってきた。なぜか韓国語で話しかけ、私の腕時計を指さした。色白の四十歳前後の、ふさふさとした黒髪の男で、どうやら時間を訊《き》いているふうだった。

私は咄嗟に「拉致《らち》されるか、拘束されるな」と警戒した。そこで時計には眼をやらず、男の動きを注視したまま、左腕を突き出し、「自分で見ろ！」とばかりに、文字板を男の方に向けた。男は首を捻《ひね》ってのぞくふりをした。すると、心なしに頷《うなず》き、また韓国語らしい言葉で話しかけてきた。

私が返事をしないでいると、そのままゆっくりと立ち去った。吉林でもそうだったが、このあと出かける東満の、日本海を遠望する満州の最東端の地、防川の展望台でも、私が豆満江と鉄橋及び周辺の山々をスケッチしようとすると、女の子の固い視線を感じ、何も描かずにポケットに戻した。スケッチと望遠レンズによる撮影には敏感に反応した理由を、あとで曹さんから「禁止しています」と聞かされて、納得がいった。

じつはこうした女の子や道路で腰を下ろしているばあさんやじいさんは密告者の一人で、要注意である。場合によっては、カメラもスケッチブックも取り上げられてしまう。

吉林のホテルでは、公安の車もホテル駐車場に止まっていた。対岸の風景をスケッチしていた私に声をかけたのは、じつは公安員だった。日本からの宿泊客が泊まることを知ってのことだろうか。私服の公安員は、私たちが食事をしていると、二日目の朝もレストランの入口に近いテーブルをとり、食事をとるふりをしてこちらを見張っていた。

このホテルには広東方面からの中年男女の団体客もきていて、朝レストランで一緒になった。訛《なまり》から、台湾からのツアー客と思えた。おとなしい団体で、長い食事時間をとっていた。

公安の黒いアウディ車はホテルの左端に駐車していて、外国人の出入りに眼を配っているようだった。考えようによっては、外国人のボディーガード役でもあるから、法を犯さない限り安全旅行ができる。特にテロリストを事前にマークしてもらえると、旅は安全である。


吉林市で思いつくのは、昭和六年九月の満州事変後、占有計画をもっていた関東軍に「満州人でこの国をつくりたい」と言って、石原莞爾と議論したインテリ満人の于忠漢のことである。

于忠漢は外語大で講師をつとめ、日露戦では日本軍の通訳官だった。のち吉林市で役人をしていた。彼は吉林市に住み、のちに息子も日本に留学させる親日派の一人で、満州国の建国案は、この于忠漢の立案とも言われる。

石原は于忠漢を治安担当の部長、日本で言えば警察長官兼任の公安大臣にする。組閣も政府組織づくりも、于忠漢が中心になって立案して関東軍に進言した。民族協和の提案も于忠漢で、彼は在満日本人と「満州協和会」をつくった。今日で言うところの政党である。ただし一国一党の協和会で、すべての国の政策方針を党で決定する。皮肉にも、今では協和会にかわって、中国共産党が一国一党をとっている。イデオロギーこそ違うが、広い満州を治めるには、協和会や共産党という最高機関がなければ、共和国家は生きていけないように思える。

于忠漢がいる吉林へは、石原もしばしば出かけていて、住まいを移したいとも考えたことがある。吉林は彼がこよなく愛した古都で、協和会の本部は、この吉林にあった。

だが、昭和二十年八月九日、人口三十万人、うち三万の日本人が住む吉林を、米軍の爆撃機が襲った。米軍機は非戦闘地区の吉林水道局貯水池、商店街、吉林の東南にある裕昌源製粉工場の三ヵ所を爆撃した。非戦闘員の満州人、日本人を餓死させる、国際法や人道上許されない行為である。

それから二日後。北東方面にあたる東満国境に近い牡丹江や東寧方面から日本人避難者が吉林に逃げ込んできた。その数は五千人を越えた。

東の図們、延吉、敦化方面からも開拓団の避難者が、ある者は途中で妻と死に分か

旧吉林駅。

れ、ある者は身ひとつで子供の手を引き、安全と思われた吉林へ蟻のように歩いている。関東軍に見捨てられた開拓民たちの中には自決した者もいた。吉林に着いた避難民は住む家もなく、路上で夜をあかしている。

ソ連軍の進駐が始まるのは八月十九日で、本国から送られた軍用トラックに乗り、東の敦化方面から進入してきた。

満州国皇帝溥儀《ふぎ》の一行が、秘密裡に長春を発ち、吉林駅経由で北朝鮮国境寄りの通化へ退避したのは、日本の避難民でごった返しているさなかの八月十二日である。特別列車は奉天経由で通化に出る予定だった。空爆を避けて吉林経由で梅河口へ遠回りし、十三日に通化に着く。梅河口駅では山田乙

かつて日本人が多く住んでいた吉林市の駅前。

三関東軍司令官及び参謀たちが乗り込んでくる。

山田は八日、関東神宮地鎮祭に出席したあと、その夜、大連で歌舞伎の公演を観覧している。ソ連軍の奇襲を翌九日の朝に知り、新京から迎えにきた軍用機で大連から新京に引き返し、午後に戻っている。

会議の結果、予定どおり司令部を新京から通化に移すことにして、溥儀の一行を吉林駅経由で退避させている。その溥儀が、吉林で目にした光景は、

「群をなした日本の婦人と子供が泣き叫びながら汽車に向かって押し寄せ、彼女たちを阻止する憲兵に哀願し、泣いている。プラットホームでは日本の兵士と憲兵が殴り合っていた」（溥儀『わが半生』）

特別列車は、泣き叫ぶ日本の避難民たちを振り払うように、吉林駅を通過して行った。私はその駅にも立ち、地獄のような光景を想像した。

八時、バスはホテルを出て、新京の方に戻る。前夜きた道を西に走り、途中で北へ向かった。長図線の桦皮城《かひじよう》駅には九時半頃に到着する。現在は桦皮厩駅と書き直しているが、この駅は満州事変直後、多門二郎第二師団長が張学良軍閥政権時代の吉林省政府主席だった熙洽と満州国建国のために会談した場所である。

二人はそのあと桦皮城（土地名）にある日本人経営の旅館で、今後の国づくりの構想を語り、互いに合意する。そのため、古都吉林市は無血の城渡しとなる。

熙洽は満州国が建国されると、宮内府大臣になり、溥儀の側近となる。ハルビン出身で総理となる張恵景と共に、満州国を立ち上げる人物の一人である。

駅は木造の赤い屋根の旧舎とコンクリートの駅舎の二つがあった。満鉄時代の駅舎は向かって右側に残っていた。新駅舎は高い天井の白い建物で、駅員の案内で中に入れてもらった。こういう時は地元ガイドの顔が役に立つ。まったく見知らぬ日本人が筆談でお願いしても、まず通用しなかったであろう。

入って左手が切符売場で、その上の壁には、時刻表と桦皮厩駅からの運賃表が掲示されている。

ハルビン　三一〇K　二〇元
長春　九三K　七元
吉林　三五K　二・五〇元
大連　七九五K　四五元

なぜか、距離はKのキロメートルで表示されていて、旅人にやさしかった。
時刻表を見ると、この駅発は一日五、六本である。列車の利用客が少ないためだ。駅員も一人しかいない。日本式だったら、とっくに廃線になり、レールも取りはずされているだろうか。共産党独裁国家はたとえ赤字でも、鉄道は残していたことにはうれしくなり、涙が出るほど感銘した。旧満鉄だからではなく、公共の鉄道だからである。時に、共産主義には、ピカッと光るものがある。

日本の技師が造った東洋一の豊満ダム
日本人の技師・久保田豊が造った東洋一のダムは、今でも吉林省の電力と飲料水をまかなっている。現在は豊満ダムといわず、松花湖と呼んでいる。ダムの高さ九十一メートル、長さ千二百メートル、広さは六百平方キロ。琵琶湖なみの広さで、東洋一の人造湖である。湖の周囲には別荘やレストランがあり、湖を一周する遊覧船が四十隻ほどある。

常時、警備艇が周遊しながら監視していた。湖の事故の監視ではなく、テロの監視であり、艦首と艦尾には機関銃が据えつけられていた。私たちは遊覧船で約三十分、湖を周遊した。湖は相当に深いようで、青い。テロリストがこの湖に毒薬を投げ込んだら、それこそ吉林の市民はパニック状態になるだろう。二隻の警備艇が、左右で監視する理由が頷《うなず》ける。

しかし、レストランの外にある公衆トイレは、水面から十メートルのところにある。汚物はこの湖に捨てるのだろうか。それとも汲み取り式になっているのだろうか。別荘が北斜面に点在しているが、汚物はどう処理されているのか、遊覧船上からそれらの別荘の建物を見上げながら、あらためて衛生の不備を思い知らされる。

豊満には、ダム工事に使った数本のレールとプラットホームの残骸が野ざらし状態だった。当時の日本人技師たちの苦労を忍ぶには、あまりにも無惨な姿である。のちに、レールはソ連軍にはぎとられて行ったことを知る。その一部が残されたままなの

豊満ダムは東洋一のダム。日本人技師が巨大な資金で築いた。吉林からハルビンまで水力発電で電力を送る。このダムのおかげで北満一帯に電力が供給された。

ダムは観光用の遊覧船が運航されていた。（左、筆者）

である。

開拓団の悲劇の道を逆走する

七月六日朝。バスはいよいよ東満のソ満国境に向かって出発した。市販の地図には高速道路が走っている。ガイドによると、あくまでも計画であって、東満の琿春と図們間のみが完成していた。私たちは、国道三〇二号線を東に走る。かつてこの道は、吉林をめざした開拓避難者たちの死の行進の道でもある。ちょっと感傷的になる。国道三〇二号線はアスファルトの一車線で、追い越しする車が多い。李さんのバスは八十キロで走った。目ざすは次の宿泊先の、ソ満国境の地、琿春である。吉林を朝八時に出て、琿春に着いたのは、すっかり夜になっていた。外灯のない暗い市街に入った。

ホテルを探してチェックインしたのは夜の八時前になる。その間、敦化、延吉《エンキッ》（旧間島）、図們《トモン》に立ち寄る。

吉林を出て二時間ほど、一般道を走っていたときである。この道路は琿春と吉林を結ぶ唯一の道路で、路線バスが走っている。車の数も多く、車間も詰まったまま約八十キロの速さで走行する。大型貨物車、バス、トラック、一般乗用車が列をなして走行する。

バス停近くの道路脇では、近くの農家の娘さんたちが、路上に果物を並べて売っていた。ところどころにそうした光景が見られる。道路の両サイドは白樺の街路樹で、日影をつくっている。左右は大豆畑とトウモロコシ畑が広がる。

琿春に続くレールが道路と平行している。もっとも近くに接近したところでは十メートルほどで、多分に道路の方が曲がっているのだろう、レールと交差するところが数ヵ所あった。

路線バスに接近したときだった。運転手の李さんは、前方のバスを追い越そうと左にハンドルを切った。その時、ダーンという物音がした。李さんは、私たちが乗っていたバスを右に寄せた。

接触事故である。

うしろから走ってきた役人の黒い乗用車は、李さんのバスを追い越そうとしてスピードを上げたとき、バスの左前方の車体に当たった。

そこで約一時間近く、両者で話し合いが続いた。交通公安を呼んで、現場検証の手続きをとる、と若い役人は言い張ったが、曹さんが役人と李さんの間に入り、交渉した。

曹さんは役人に、日本人観光団を琿春に連れて行く途中で、時間がないから、公安を呼ばずに、保険手続きをとる、もう一度話し合いたい、場所を指定すればそこに行く、と条件を出した。

役人は延吉（旧間島）に住んでいて、その近くの保険代理店で話をしよう、ということになった。逃げられないように、何よりも大事な曹さんの身分証明書であるＩＤカードが入ったホルダーを取り上げた。

事故の原因は、左の方向指示ランプを出さず、いきなり追い越し車線に出た、と同時に後続の役人の車も追い越しに入った。その時に接触事故になったのである。こちらは、指示灯を出していなかったという弱味があり、結局五時間あとに着いた延吉での交渉の結果、保険からではなく、李さん個人が、気の毒なことに、日本円換算で五万円を支払うことになる。

李さんのバスは、左のランプをこわされていた。ポロッと、コードごと垂れ下がっていた。しかし元中国軍の工兵である。バスの中から小道具箱を取り出すと、ドライバーでネジをはずし、ランプを元の位置に押し込み、ネジで固定した。あとは左の運転席の車体の角がヘコんでいるだけである。李さんはローンで買ったオーナーバスを、ひとつひとつチェックすると、一時間ほどして出発した。

右手に敦化や延吉に通じる線路が走っているが、ついに列車を見ることはなかった。

事故現場を離れて五分ほど走行した頃、「天嵐経済開発区」という村に入った。道路の左右には石材店が並ぶ。石仏が左右の道路脇に立っている。亜隆石材、大平山石材という看板の店がある。

旧東満州鉄道の線路を渡るまでの三キロほどの道路脇には、石材が横たわっていた。山から切り出した石材を並べ、加工するのだろう。白い石材は石仏加工に向いていて、よく見るときれいな顔だちの石仏が多い。よほど腕の良い石工がいるのだろう。

線路を渡って間もなく、黒のアウディが三台、私たちのバスを追い越して行った。役人の公用車はひっきりなしに走る。吉林と延吉、琿春間に、予期せぬ出来事が起きたのかと不安になってきた。

そのとき、私の前の席にいた鈴木能之さんが、「こんな丘に、野砲陣地をつくるんです」と右手の丘を指した。

鈴木能之元少尉の中隊は、虎林《コリン》から勃利《ボツリ》、二道河子を、原生林の中に入って南へと移動しているうちに、ソ連兵たちと撃ち合いになって逃げたという辛い思い出がある。

鈴木さんが、師団長石原莞爾の十六師団津連隊長だった父親の鈴木辰之助大佐の話をしたのは、安東に着いたホテルのロビーでだった。ところが話しているさなかに、朝鮮人ツアーの一群がロビーにどやどやと入ってきて騒然となり、話は中断した。この時は、ソ連兵に追われて逃避行した話はしていない。

鈴木さんが早口で、虎林から司令部のある敦化をめざして南下をはじめた逃避話をしたのは、吉林のホテルに着いた夜である。

第一方面軍第五軍参謀直属の鈴木さんたちの隊は、勃利から林口の先の古城市で追い上げるソ連軍の戦車隊と撃ち合いとなり、隊は四百名足らずになった。横道河子の先でもソ連軍と撃ち合い、川を渡って原生林の中に逃げ込み、息を殺したという。

「ソ連兵は夜がにが手らしく、撃ってこない。終戦を知っているからね。火の矢がとんでくるが、こっちの損害はない。原生林に入ると方向がまったく分からなかった。南へ行けば司令部がある敦化にたどり着けると、山の中を歩いた。太陽が見えないので枝の向きで、方向を捜り、私の隊は十日間、何も食わずに歩いた。近くの道にソ連兵がくると、息を殺して、通りすぎるのを待つんです。昼間は満州人に見つかるので、森からは出ず、夜行動した。満州人の家を見つけると、食糧調達です。彼らは長いものにはまかれろ主義ですから、われわれがくると、メシを食わせてくれる。しかし、すぐに出て行ってくれと言うから、夜になると、脱兎の如く走りだした——」

鈴木さんは、これまで、逃亡話はあまり話してはいなかった。自慢話にならないからである。今回初めてツアー仲間の私たちに、その一部を話してくれた。ずっと胸に貯めていたのである。吉林での最初の夜、気心が分かったせいか、初めて話し、本人も、胸につかえていたものを吐き出して、安堵したふうである。

その夜、ホテルから、東京の兄さんに、無事に着いたことを伝えている。

「負け戦《いくさ》を語ると、バカにされ、語ることもなかった。今回のツアーに参加できてよかった。話を聞いてくれる人がいてよかった。昨夜、兄と娘に電話しましたよ」と、八十四歳の老兵鈴木少尉は私に語った。

その日から私は下痢に苦しむ。当時、中野で獣医をしていた鈴木能文（故人）さんに下痢止めの薬や「これは消毒に最高」といって、梅干しをいただく関係になる。「私は旅に出ると、いつも梅干を二パック持って行くんです。胃腸は軍隊時代にきたえてますから。十日間、何も食わずに生きてきたんですから。ハハハ」

琿春に着いてから、私は鈴木さんを「小隊長」と呼んだりした。すると鈴木さんは、ちょっと苦笑された。

日本軍人、開拓団を見捨てる

敦化には、昭和二十年八月十五日まで、関東軍の第一方面軍（司令官・喜多誠一大将）の司令部と第百三十九師団（師団長・冨永恭次中将）の司令部があった。

第一方面軍は延吉に司令部を置く第三軍（村上啓作軍司令官）と掖河（牡丹江の東）に司令部を置く第五軍（清水規矩軍司令官）で構成されていた。司令部を後退させたのは、昭和二十年四月六日、ソ連が一方的に「日ソ中立条約」の廃棄を通告してきたことに始まる。また同盟国のドイツは五月八日、全面的に屈服し、世界の情勢も大きく変わりつつあった。

この頃、大本営及び関東軍は、対ソ情勢を分析し、つぎのような要旨をまとめた（『その日関東軍は』草地貞吾）。

一、ソ連は、目下大東亜戦争の推移に処し、かつドイツの屈服に伴って、東ソの兵力を急速に増強し、随時の武力発動を可能ならしめるように準備中である。その時機は、もとより大東亜戦局発展の様相、ならびにソ連の主導的判断によって異なるであろうし、一概には断定もできないが、ソ連の参戦を主眼として考えたならば、左のような場合は、日本（関東軍）として最も警戒を要するであろう。

一、米軍のうち、北支要域に上陸を見、これが支那内部に発展するおそれ大なりとみられるとき、

二、米軍、南鮮に上陸し、北進の勢を示したとき、

三、日本の屈服近しとみられるとき、
イ、米軍の対日本土上陸作戦成功せる場合、
ロ、米軍の本土上陸みないまでも、空爆により、日本国力の弱化顕著なとき、
ハ、日本の国内情勢が極度に緊迫し、対米英和平近きにありと判断せられるとき。
そして関東軍としては、ソ連の対日武力発動の日は近いと見て、ソ連への厳戒に入った。ソ連の対日武力発動を、関東軍は八月から九月頃と見ていた。
また、極東ソ連軍の増兵は、日に日に増えはじめていた。関東軍は、昭和十九年末の極東ソ連軍の兵力を、つぎのように分析している。
。人員　約七十万人
。飛行機　約一千五百機
。戦車　約一千台
。狙撃師団　約二十個師団
。狙撃旅団　約二十個旅団
。飛行師団　約二十個師団
。飛行旅団　約十二旅団

徐焰の『一九四五年満州進軍』によると、ソ連軍は一九四五年二月から七月にかけて極東方面（ユーラシア大陸）に十三万六千輛の列車車輛を使い、百万人以上の大規模兵力輸送を始めている。

しかし、関東軍が観察した車輛は、実際の半分にも満たなかった。すでにドイツが降伏（五月）した直後から三ヵ月以内で、三方からの作戦指導機関が完備されていた。

ソ連側の発表では、

◦第一極東方面（司令官・メレツコフ元帥）約六十万人で、攻撃目標は牡丹江と吉林。

◦第二極東方面軍（司令官・ブルカエフ大将）約三十万人。攻撃目標は黒龍江に沿ってハルビンを目指す。

◦ザバイカル方面軍（司令官・マリノフスキー元帥）約六十万人。ほとんどが機械化部隊で、極東ソ連軍の戦車軍二千台の戦車と自走砲を有する第六戦車軍を配属し、外モンゴル人民軍をも指揮下におき、新京と奉天を目標に攻撃。

なお、ソ連発表の武器装備は以下のとおり。

◦十一個の諸兵種混成軍

◦一個戦車軍

。三個航空軍及び一個作戦集団

内訳は、六個騎兵師団、四十二個戦車と機械化旅団。総兵力は百五十七万七千七百人余。火砲二万六千百三十七門。戦車と自走砲五千五百五十六台、作戦飛行機三千四百四十六機。その他、数百隻の艦船と三個防空軍。

両軍を比較すると、ソ連軍は、関東軍の推定総兵力七十万人の二倍である。飛行機数も関東軍推定千五百機に対し二倍半の三千四百四十六機、戦車数も関東軍の約一千台に対し、実際は五倍強の五千五百五十六台だった。

なお戦後、ソ連国防省発表では、戦死者は関東軍が八万三千人、ソ連軍は八千人(負傷者二万二千人)、捕獲品は火砲一千五百六十五門、迫撃砲二百十三門、戦車六百台、飛行機八百六十一機、重機関銃一万二千梃だった。戦後、ソ連は小銃は中国軍に渡し、千五百六十五門の大砲と戦車を持ち出し、溶解して兵器製造資材に当てた。

関東軍は何ひとつ反撃せず、みすみす武器を捨てて逃げている。

ソ連軍が大移動のさなか、陸軍省は関東軍参謀長と副長を異動させた。四月、ソ連側がもっとも警戒していた笠原幸雄参謀長を支那戦線の軍司令官に異動させた。笠原の後釜には、参謀本部次長の秦彦三郎中将が就任する。

また六月には、関東軍参謀副長の池田純久を内地に転任させた。後任の副長には、

終戦まで方面軍司令部があった敦化の駅は、吉林から東の延吉、朝鮮の羅津、清津、元山など日本海につづく。

当時南方にいた四手井綱正中将に辞令が出る。ところが、異動発令は八月九日、ソ連軍が侵攻した日である。

その四手井中将は、赴任の途中、インドのチャンドラ・ボースらと共に台北飛行場で殉難死した。作戦担当の副長不在のまま、ソ連軍を迎えたのである。

関東軍は五月頃から、作戦変更にともない、軍司令部を移動させた。牡丹江の第一方面軍司令部を戦時に際し、敦化に後退させている。

東安にあった第五軍は掖河に退《さ》がる。掖河にあった第三軍は延吉（間島）に、後退した。

敦化は高句麗時代の遺跡が多い。現在は人口十八万人。うち三十パーセントが朝鮮族である。旧満州時代よりも前、渤海国があった頃から、朝鮮人が住みついていた。店の看板はハングル語と中国語の二つで表示されている。これがハングル語と初めての対面である。終点の琿春まで、延吉、図們のまちも、すべてハングル語と中国語である。ハングル語が上または右、中国語が下または左に書かれていることから想像できるように、ここから東一帯は朝鮮人自治区であった。

駅舎は近代風に建てかえられ、満鉄時代の面影は何も残っていない。駅舎の広場は百メートル四方の広大な広場で、車の数は少ない。満州の各駅前の広場は、いずれも四方百メートルの広大な造りになっている。

駅舎は吉林省の薬工場の出資金七百五十万元で建設され、カラフルな塗装が夏空に、眩しかった。

街にはペダルを踏んで動く輪タクが走る。庶民の足である。一元払えば買物をした女たちは家に帰れる。考えてみれば、石油も石炭も必要としない。人間の体力だけで動かせるから、エネルギー問題は起きない。大都会の吉林には輪タクは一台もなかったが、敦化から東に進むにつれて、輪タクが増えた。

琿春へ夕方までには着きたかったが、ひとまず私たちは敦化駅近くのホテル一階のレストランで昼食をとった。

ここで初めて珍しいチョ木茶を飲む。無色の甘い茶である。レストランで働く女子大生に筆談で尋ねると、菊花茶と書いてくれた。彼女たちは長春師範学院の中国語文学の学生だった。夏休みで帰り、ホテルでアルバイトして学費を稼いでいるという。

このレストランで初めて魚料理を食べる。魚は高級品で、富裕層の人でも口にできない。魚の名前を聞くと「青立」（一種の河魚）と、女子大生は私のノートに書いてくれた。

「青立」は鯉の一種で、ウロコがある。蒸した青立を、みんなで突ついて食べた。「うまい」と思った。しかし、青立などの河魚は、一本釣りだから、量が少ない。

最後に、アイスクリームを食べる。これもこの土地では高級デザート。作り方を聞くと、砂糖は使っていない、という。砂糖を使ってないのに甘い。砂糖でなければ、ビートからつくるソルビトールではないか、と尋ねるが、それではなかった。

しかし、ハッカのような、さわやかな甘味である。帰国後、この話を満州にいた日中カーフェリー会社オーナーの小山健一さんに話すと、

「名前は思い出せませんが、この一帯でとれる、ホウレン草のような植物で、葉っぱそのものが甘く、絞って甘味を出して使用するものです。戦後、私は北海道でこれを栽培して事業化を考えたんですが、栽培方法が分からず、断念しました。とってもさ

わやかな甘味でしたね」と説明された。

東満一帯にしか育たない甘味植物は、今も日本では名前が分からぬままである。疲れていたのか、このさわやかな甘味が、忘れられなかった。

この敦化では、戦後間もなく、朝鮮人によって日本兵が撲殺される事件が多発した。すでに軍司令部は終戦になる前に敦化を撤退し、遅れて司令部へ避難してきた兵隊たちは、ここで捕虜となり、収容された。作家五味川純平もその一人だった。

鈴木能文さんたちも、虎林から兵隊たちに守られて馬で食糧を運び出し、方面軍司令部のある敦化をめざした。方面軍参謀直属だったので、方面軍参謀長の指示を受けるためだった。ところが九月に入って、途中の鏡白湖で終戦を知り、ソ連兵に武器を渡して捕虜の身となり、敦化にはついに辿り着けなかった。

「私どもはここまで逃げるつもりだった。しかし、司令部はすでに逃げ出しておった。それを知らずによかったと思う」

視力が衰えた眼を細め、眩しそうに駅周辺を眺めた

第５章　延吉（旧間島）、図們、琿春

関東軍第三軍基地はソ・朝国境の都

バスは敦化をあとにした。ハングル語ばかりの市街を抜け、一般道路を東へ進む。突然、道路の左右に水田が広がった。この道は関東軍に見捨てられた開拓団たちが足を引き摺《ず》りながら、ボロボロになって、ある主婦は子供と死に別れ、ある者は祖父母と死に別れて吉林駅をめざして歩いた道である。男たちは五月に根こそぎ動員され、残ったのは祖父母と女と子供たちだけだった。

私たちは、関東軍に見捨てられた開拓団が、吉林へ避難していた道を東へと逆行している。途中、安図駅、朝陽駅、関東軍の司令基地として栄えた延吉（旧間島）、図們に立ち寄った。国道はこれらの鉄道と併行して東へ続く。

日露戦後、北朝鮮の清津港から長春へ鉄道を敷くため、測量隊は朝鮮側から測量を始めた。彼らは関東軍にガードされながらの測量だったが、延吉から敦化までの山岳地帯を縫うようにして、路面の傾斜を保ちながら西へ進んだ。

鉄道建設には川沿いが向いているが、突然切り立った山にぶち当たると、迂回するか、トンネルを掘るか、いずれかの方法をとる。しかし当時の技術では、トンネルを掘るのはむずかしく、満州では迂回路をとっている。敦化から延吉に続く線路も、川が切れると線路も切れ、ひと山越えて平地に出たところで、ふたたび国道に接近した。

朝鮮の清津上陸から延吉（間島）、敦化、吉林を結ぶ満鉄の鉄道建設は、残念ながら今日の中国では語り継がれていない。鉄道工事には在住の朝鮮人や満州人が日当をもらいながら、汗水流して働いて築き上げた。しかし、いつの間にか歴史から消されていった。この名もない人たちの苦労は、語り継がれてもいいはずだが、歴史を残していこうという認識に欠ける中国指導者の心が理解できない。

延吉へは、峠を二つ越えて行く。一般道路はトンネルがないため、蛇行しながら下りることになる。山間地には朝鮮民族の、ワラぶきに土壁の集落が道路を挟んで点在する。よく見ると、民家のある斜面には、石炭を掘り出したあとのボタ山が、いくつも見られた

延吉は旧間島。日本の軍司令部、満州士官学校もあった。朝鮮人系満州人が住む。延吉駅は観光客で賑わっていた。

そこには、人が住んでいる気配はない。村の住民たちは、ここから引っ越して行ったのだろうか。土壁はいたるところ崩れ、屋根も片方が落ちている家もある。段々畑にも、人が農作業をしている姿はない。五、六十軒の集落は、延吉の市街に下りて行ったのだろう。

緩やかな坂を下る。遙か前方に、白いまちが見えてきた。七、八階建てのコンクリートの建物である。旧間島と呼ばれ、今は延吉の街である。ここは軍人の街だった。

延吉市内を、長さ十キロの一直線の長白路という道が東西に走っている。道幅は百メートルと広く、民家がない頃の旧関東軍は、ここを軍用機の滑走路に使っていただろう。朝鮮から吉林、長春につながる東満鉄線の鉄道に沿って長く延びる長白路は、歩道だけでも三間ある。

しかし本当の市街地は、左手を流れる川の北側である。この長白路に入ると間もなく、右手に延吉飛行場があった。旧関東軍の飛行場跡で、今は国内線の飛行場に使われている。北京や香港などから、観光ツアー便が乗り入れていて、賑わっていた。

延吉は経済特区になっていて、北朝鮮との交易が盛んである。延吉駅も数年前にコンクリート三階建てに建てかえられ、巨大ターミナルとなっている。

これまで見たこともない長さ百メートル、高さ五十メートルもの国際ターミナルである。広い駅前には各地からの路線バスのほか、長白山観光ツアーの観光バスが乗り入れていた。

駅の中に入ると、中央にエレベーターが上下二本あり、二階が待合室になっている。ベンチの数は二百席もある。どのベンチも待合客で一杯だった。そのほとんどが朝鮮族で、足もとには大きな手荷物を置いていた。一体、どこからこれほどの人たちが乗り降りしているのか。ガイドの曹さんにも分からなかった。

戦時中、関東軍は第一方面軍（敦化）の第三軍司令部を、当時間島といったこの延吉に置いた。豆満江（図們江）はソ満国境で、日本海に達するが、東端の琿春には第

延吉は韓国語の看板が多い。露天市場にて。

百十二師団（師団長・中村次喜蔵中将）が、また延吉と琿春の間になる図們には第七十九師団（師団長・太田貞晶中将）、図們の南、和竜には第百二十七師団（師団長・古賀竜太郎中将）、東寧（羅子溝）には第百二十八師団（師団長・水原義重中将）が置かれ、ソ連のウラジオストックからの侵攻に備えていた。

関東軍は昭和二十年一月上旬に、各方面ごとの持久作戦要領を研究して、新作戦計画を完成した。その骨子は、

「侵攻し来たる敵を、国境地帯において地形と施設とを利用して撃破することにつとめる。そして満鮮の広さと地形を利用し、敵の侵入を阻止妨害して持久を策し、やむを得ざるにいたるも、南満、北鮮にわたる

山岳地帯を堅固に確保してあくまで抗戦し、もって全般の戦争指導を有利ならしむるを根本の方針とす」

第五軍は沿海州方面のソ連航空根拠地を覆滅する方針から、監視する役目がある。なかでもソ連軍とは目と鼻の先にある琿春の百十二師団は、八月九日朝四時、ソ連戦車隊の突然の侵攻で全滅した。

今日では、北朝鮮との国境でもある長白山への観光客で賑わい、観光都市延吉に変身している。ここまでくると、「北朝鮮領に入った」、そんな印象を受ける。

ここには延吉大学がある。ここの朝鮮語学部を卒業した若者は役人に起用され、出世していた。朝鮮語をいかし、吉林省や広東省、逝江省の書記になり、人脈を活かして出世街道を歩く。

「延辺皮膚病性病防活院」「男女生殖疾病」「小生功能障碍」という看板が目に入った。性病患者は延吉に多いらしく、この手の看板が目立つ。

「小川香織撮影」という美人の看板がある。日本女性の名前だろうか。多分に、延吉では有名な日本女性カメラマンだろう。彼女が撮った中国女性の顔写真が大きく引き延ばされている。

時計を見ると、午後四時五十三分。右手前方に日が出ていた。ホテルに入ると、私は激しい嘔吐と下痢に襲われた。バケツ一杯分吐き出す。体が寒くなり、食事はとれずに寝こんだ。熱も出て体が震えだした。眠ることに専念した。

延吉で李さんは事故の示談をすました。曹さんもIDホルダーを返してもらう。これでこれからの国境ツアーは支障なく続行となるが、李さんは大金を保険なしで支払うことになり、ガックリとしてハンドルを握った。のちに、全員でチップを払い、援助するが、当時は落ち込んでいた。

バスは、延吉から琿春まで高速道路が完成していることを、示談先の若い役人から聞き、河を渡って市街に入る。さらに北に上がった。延吉には終戦と同時に、最初に朝鮮族満州人が、露店を出した街がある。歩道といわず道路のまん中に、農作物や衣服、生肉などを並べて売っている。車の方が露店の中を、ゆっくりと走ることになる。

街の看板表示はハングル語で、中国語は少ない。古い朝鮮の街にきたような錯覚を覚えた。それにしても、大通りにはサムスンなど朝鮮企業の看板やネオン広告がビルの屋上や道路脇の歩道にかかっていて、活気がある。ここは、一大消費都市である。私たちのバスに向かって、果物をさし出す女露天商がいた。

河に沿って北に上がる。途中で緩やかな坂を右に行くと、料金所のゲートがある。

ここで通行料金を払って高速道に乗った。ところが、真新しい高速道路を走る車はない。ときたま黒のアウディが猛スピードで追い越していく。役人の公用車のみが、琿春の方へ走る

二〇〇五年まで、中国の役人、それも旧満州の役人の中には、琿春から図們江を渡って北朝鮮へ渡る者が目立った。彼らの行く先は羅津港の賭博場である。金正日は高級官僚や同盟国の中国の役人たちのため、バカラ賭博《とばく》場を開いて外貨を稼《かせ》いでいる、というのがもっぱらの噂である。

そのことが満州で広がったのは、袖の下で貯めた元金を、羅津の賭博場で使い、損をして戻ってきた役人たちの間から漏れたことに始まる。

なかには大儲《もう》けして帰ってくる役人もいただろうが、彼らは口外しないから、人物は特定されない。しかし、次第に北京にまで、その噂が広がると、胡錦濤《こきんとう》政権になってから、禁止令が出た。

それでも満州の役人たちの中には、図們や琿春から北朝鮮に渡り、羅津の賭博場に出かける者があとをたたない。つぎつぎと黒のアウディが、私たちのバスを追い越して行くのを見ると、つい「あれも羅津行きかい」と疑ってしまう。

羅津港は昭和四年、関東軍参謀石原莞爾中佐が、当時満鉄副総裁の松岡洋右に、北

満の物資を羅津港から新潟、小樽、舞鶴港に船輸送する必要を提案し、関東軍と一緒に築港したものである。

それまでは鉄道は、清津から図們、延吉経由で吉林、新京間を走っていた。しかし、清津・新京間は遠く、ソ連に近い豆満江寄りの羅津港を築港すると同時に、北満の北安、ハルビンから、拉法経由で京図線に入り、羅津に続く路線を開設する。

また羅津は、豆満江に沿って図們に出、そこから北の東寧に続く興寧線と、北西の牡丹江、佳木斯《ジャムス》に続く図佳線へと続く。この二つの新しい路線は、事実上、また農産物の日本への輸送、開拓者の北満輸送には便利な路線である。

すべては、この至便な軍港、羅津港からの出入りにあった。今日、中国政府がお金を払ってでも買いとりたい、もっとも欲しい港である。二年前には、ロシアが北朝鮮との間に使用契約を結び、日本海に進出した。

図們の鉄橋

午後五時五十三分。

バスは高速道を東に走った。前方に大きな山が迫ってきた。どうなるかと心配していると、二つのトンネルが見えてきた。ひとつは下り、左の方は延吉へ戻る上り専用

豆満江は朝鮮、中国、旧ソ連の国境の川。橋向こうは北朝鮮。

である。長さにして二百メートル。

トンネルに入る前に、右手に白い川砂の、きれいな川が見えてきた。朝鮮の方へ流れる川のようだ。豆満江（図們江）へ、合流するのだろう。その川の向こうの山の裾に鉄橋が見えてきた。鉄橋はかなり長い。鉄橋が近づいてきた。バスはその橋の下をくぐり、先ほどの川に沿って走る。川が近くに見えた。白い川砂が川辺を白くふちどっている。その橋とはすぐに別れた。

トンネルを抜けると、左右にトウモロコシ畑が広がった。畝《うね》があるところから、食糧用のトウモロコシのようだ。そのトンネルを抜けるまで、対向車とは一台も会わなかったが、しばらくして一台の石油タンク車を引いた大型タンクローリー車とすれ違った。

やがてバスは嘎呀河《フルホト》にかかる橋を渡り、図們市街に入った。朝鮮族自治州政区の中でも、北朝鮮にもっとも近い市である。川幅二百メートルの豆満江上流の向こう岸は北朝鮮領で、対岸の民家や軍の施設が手にとるように見える。

北朝鮮に通ずる橋は図們大橋と、図們鉄道大橋のみである。

図們大橋は、中国側のゲートには常時、若い守備兵が立っている。しかし、彼らは銃は携帯していない。対岸の北朝鮮側には三階建ての建物があり、詰所にしていた。橋の入口に守備兵の姿は見えない。

図們大橋は、観光名所になっていて、川岸には「国境」と書いた石碑が立っていた。図們江の中州には人の姿が隠れるほどの雑草が繁り、向こう岸側とこちら側で水が流れている。図們江の源流は五百キロ先にある長白山で、図們で延吉を流れる嘎呀河を呑み込むと、川幅を広げ、やがて日本海に注ぐ。

この豆満江にかかる鉄橋は、日本の開拓団にとっては忘れられない橋である。

昭和四年、関東軍作戦参謀石原莞爾は、当時の満鉄の松岡洋右副総裁に、北朝鮮の羅津港を築港し、鉄道を図們に引くことを進言した。このことは前にも触れた。

清津港から図們への鮮鉄咸鏡線はあったが、客船を寄港させるため羅津港が必要になる。開拓団は下船すると図們に出て、図們からそれぞれ東満州鉄道で琿春、ソ満国境の城子溝へ、また北の牡丹江、延吉から吉林へと、それぞれ三つの方向に分かれて乗りかえて行けた。

特に軍事的にも図們は重要地点で、関東軍はここに第百二十七師団を配置している。当時は朝鮮民族と日本人、満州人が生活していたが、今では人口十万人のうち、朝鮮系が五十九パーセント、漢民族が四十パーセントである。

バスは図們駅前から光明街に入り東へ、豆満江に向かって進んだ。古い木造平屋の家が残っている。ここには戦前の名残りがあった。

図們大橋の手前が川に沿った広場で、観光名所になっている。バスはその手前の広場に駐車し、川まで歩く。夕方ということもあってか、観光客はいなかった。現地の老若男女十二、三名が、肌着一枚でブラブラと散歩していた。腰をかがめている老婦人が鋭い眼で私たち一行を見ていた。

図們橋は渡れないが、観光用の橋が川の中間まで架かっている。観光客はそこから豆満江や対岸の北朝鮮の詰所や建物、山なみを見物する。ただそれだけである。ところが、香港や北京などからくる観光客の間では、国境ブームが盛んで、なかでも図們大橋はテレビや雑誌に登場するため、人気の名所になっていた。

ただし、望遠レンズでの撮影は禁止されていた。また、図們大橋の守衛たちを撮ることも厳禁だった。門の方に近づくと、衛兵が手を振って止めた。銃は持たないが、北朝鮮兵を刺激したくない配慮からである。

私は常時、百五十ミリのカメラを肩にかけていて、写真をとってきたが、背後で何か引き止められる気配がして振り向いた。川を背に、白い丸首シャツに黒ズボンの、屈強な体をした若者が一人、腕を組んで私を見ていた。その視線は固く、観光客の素性を監視しているふうである。

私は咄嗟にカメラを取り上げられてはまずいと警戒し、写真をとることをやめ、男から離れて土産品売場に足を向けた。売り子の女性は私に、金正日のバッジを見せて、買うように勧めた。

金正日のバッジは、旧安東の鴨緑江の遊覧船内でも、乗車券係の中国人に勧められた。朝鮮民族と思われたのだろうか

そういえば図們の友誼塔《ゆうぎとう》には、右手を上げている金正日の銅像が立っていた、と同乗者の誰かが声に出した。私はそれを見ていなかったが、図們市なら北朝鮮との友好の意味で、さもありなんと思った。

ちょうどバスに乗って引き揚げようとしていたときだった。貨物列車が図們鉄橋を、ゴッゴツと重い音をたてて渡ってきた。旧満鉄の鉄橋は、今も朝・中の貿易や乗客の架け橋になっている。その意味では、日本は満州や朝鮮全土に、鉄道やダムなど資産を残してきた。だが感謝されない。

貨車は黒い石を運んできた。臭いがなく、石炭とは思えない。私はふと、「マンガン鉱石だ」と想像した。

それは満州にくる二ヵ月前に読んだ、アメリカのビジネス誌フォーブスの記事を思い出したからである。記事は二頁ものだったが、アメリカの商社が北朝鮮のマンガン鉱石の買い付けに成功したが、ドタキャン（突然のキャンセル）を喰らった失敗談である

羅津の山にはマンガン鉱石が豊富で、戦前の日本企業は、かなり発掘、採石していた。そのほかに北朝鮮は金鉱脈が多い。アメリカ政府は朝鮮戦争のとき、北朝鮮のマンガン鉱石と金鉱が欲しくて、一気に羅津まで攻める計画だった。

今でもマンガン鉱石が欲しくて、商社の買い付け交渉が続いている。ところが、アメリカには中国という強敵が現われた。中国は、四輪駆動の車とマンガン鉱石をバーター取り引きしているとの噂が、満州から聞こえてきた。私は八輌編成の貨車が通過して行ったとき、ふとマンガン鉱石のことを思い出したのである。

中国の機関車のマークは、旧満鉄のマークと似ていて、咄嗟に「ああ、満鉄は生きている」と思った。

琿春の写真

琿春と書いて〝フンチュン〟と呼ぶ。

琿春に入ったのは夜の八時頃だった。涼水鎮のトンネルを抜けると田畑が広がった。密江という農村を通ると間もなく、琿春への鉄道と交差した。川の多い平らな土地で、すべての川は豆満江に吸い寄せられるように、合流している。

英安鎮という村をすぎた。長い橋を渡ったが、すでに辺りは暗く、また外灯もないので、バスはヘッドライトを頼りに進んだ。

琿春の街はかつては豆満江の川岸で、その一帯に満鉄と関東軍が市街を造り上げ、要塞化してソ連と正面で対峙した。街は豆満江の左、小高い丘寄りに、碁盤状の道路が走っている。広いものでは百メートル。山側にある琿春駅から豆満江に向かって伸びる三本の広い直線道路は、戦前の関東軍の守備態勢を物語っていた。

昭和二十年八月まで、琿春には中村次喜蔵中将の第百十二師団が駐留していた。しかし、重機類は南方に持ち出され、小銃しかない。だが八月九日、ソ連軍は豆満江の北から琿春に侵入し、第百十二師団及び朝鮮を守備していた百一独立歩兵連隊との間で激戦となる。結果は火力に劣る関東軍は、あっという間に敗れた。

関東軍の兵士の多くは、ひと月前に現地で動員した四十代の民間人で、銃器もなく、

北朝鮮からの脱北者が出没する豆満江の上流。向こう側は北朝鮮の国境。

戦車用のアンパンを抱え、虫けらのように死んで行った。

琿春に着いた夜、私はふたたび激しい嘔吐と下痢と発熱で一睡もできなかった。食事には気をつけて、油ものを避けていたが、やはり受けつけられず、まず嘔吐した。回数にして八回。下痢は三十分おきに続いた。飲む薬は、胃腸薬と下痢止めのビオフェルミン、風邪薬、正露丸を持参していたが、胃腸薬は飲み尽くし、下痢止めのビオフェルミンも品切れだった。

こうなったら、体の中を空っぽにするほかないと決める。ただし熱には困った。解熱剤は何ひとつ用意していなかったからである。

悪寒に襲われたので、タオルを濡らして

図們駅前には野菜売りのリヤカーが並ぶ。

額にあて、靴下をはき、残っていた一袋の風邪薬を飲み、布団をかぶって発汗させた。しかし、定期的に襲う下痢には勝てず、眠れない。トイレには十回ほど走り込む。辛い夜になった。

ようやく峠を越したのは、朝の五時頃だった。行程では、当日は七時に朝食、七時三十分にはバスで移動し、豆満江の河口に近い防川の展望台と、日本人がシベリアへ抑留させられた琿春駅、豆満江沿いのソ連国境、そのあと図們に引きかえして王儀経由で鏡泊湖へ移動する予定である。

他の人たちに迷惑はかけられないので、その朝は朝食を抜き、荷造りしてロビーに下りた。出発まであと三十分あった。私は原さんに、「私の父が琿春で戦死し、遺骨もかえらず、どこで死んだものか分からない。琿春の写真をとってほしい」との手紙のことを思い出し、フラフラする足どりでホテルを出ると、主な街を歩いてカメラに収めた。

しかし、私が撮ったのは街であって、戦場ではない。激戦地は豆満江の北、長嶺子である。

琿春の師団は、海抜五百メートルの山脈を境に対峙していたが、ソ連の戦車隊は豆満江寄りのなだらかな丘から侵攻し、現在の沙坨子口岸（検問所）や琿春口岸（検問所）辺りから満州に攻め入った。

ソ連軍は琿春から北の乾溝子、老龍口、また琿春から馬川子、盤石へ伸びる鉄道線路を根こそぎ取りはずすと、戦利品としてウラジオストック方面へ運び出した。ここは満鉄の東満鉄道で、一九九九年七月、琿春からザルビノ港への鉄道が開通した。鉄道が入って以来、ソ連側は中国からの入国に難色を示している。このことは、今後の中ソ国境問題と絡んで協議されるようだ。

中国は清の時代から、豆満江を下って日本海に出たい野望があった。一八八六年（明治十九年）、中国は旧ロシア（当時）政府との間に琿春議定書を結ぶまでになり、豆満江の河口を「清国の共同出口」と提案した。ロシア側は中国船の出入りを嫌うものの、豆満江までの航行は、協定を結ぶ必要があると譲り、一時は豆満江を航行する船が増え、琿春は朝鮮・ロシアとの交易港として盛況だった。

日露戦争後、旧ロシア側は中露通商協定を破棄し、以後、琿春に入港する船舶は減る。今日では、河口近くから十八・二キロ上流の豆満江のセンターに、ロシアと中国、北朝鮮の境界線ができている。

河口から上流の十八・二キロ地点から上流の川は、中国と朝鮮の共同管理水域である。中国とロシアの国境は、河口に向かって左手の川岸、ちょうど河口から十八・二キロの上流地点の左川岸からハサン湖に向かって国境線が引かれている。

つまり、中国は河口から十八・二キロまでは自由航行できるが、そこから河口へ、また日本海への航行は不可能になった。

「中国政府は、一九六四年に、海への出口回復を要求したが、（三国国境）協議がまとまらないまま六〇年代末に、中ソ対立が激化し、ダマンスキー島で武力衝突が生じると、豆満江流域はその域内においても、かたく閉ざされた緊張の色濃い場所となった」（岩下明裕北大助教授『中・ロ国境四〇〇〇キロ』より）

やっかいなことは、中国の豆満江から日本海への脱出が、北朝鮮とロシアを結ぶ「ロ朝鉄橋」が架橋されて航行できないことである。土砂で埋まり、夏場でも川の流れが浅い豆満江では、十メートルほどの橋桁の遮《さえぎ》りもあり、底の浅い小形船以外、大型船の航行は不可能になった。中国人の「日本海への航行」の願いは、ほぼ閉ざされている。

豆満江は、昭和十三年七月、張鼓峰事件で関東軍とソ連軍が戦火を交えたところである。ソ連軍が関東軍の火力を試すため、張鼓峰（現ハサン湖）に侵攻したが、石原莞爾参謀副長は、「天皇陛下に預かった兵を死なすわけにはいかない」と、出動させなかった。このため、大きな戦さにはならずにすんだ。

その張鼓峰の右、豆満江の航行は、北朝鮮とロシア政府により閉ざされている。しかも鉄橋には高圧の電流が流れていて、歩いて渡ることも、橋に接触することもできないといわれる。ついに中国は、北朝鮮とロシアにより、日本海への出口を封鎖されたのだ。

今回のソ満国境の旅の第一の目的は、じつは豆満江の、中国領の先端、ロ朝鉄橋と張鼓峰（ハサン湖）、そして、中ソ国境、かつてはソ満国境の起点だったハサンを視察することにあった。

第6章　中・ロ・朝の国境に立つ

ロ・朝鉄道橋発見

防川と書いて〝ファンチュアン〟と読む。中・ロ・北朝鮮三国の国境で、琿春から八十キロ東にある。

中国と北朝鮮は豆満江で国境を分けている。ロシアと北朝鮮は、川床の中央で分けているが、中朝は相手の対岸までと、幅が広い。ただし、川を渡って相手国に上陸した時点で領土侵犯である。

中国とロシアの国境は、豆満江の河口から、ロ朝鉄橋を越えた十八・二キロの（河口に向かって左の）川岸を起点に、張鼓峰（ハサン湖）の右側を直線で結んだ延長線である。

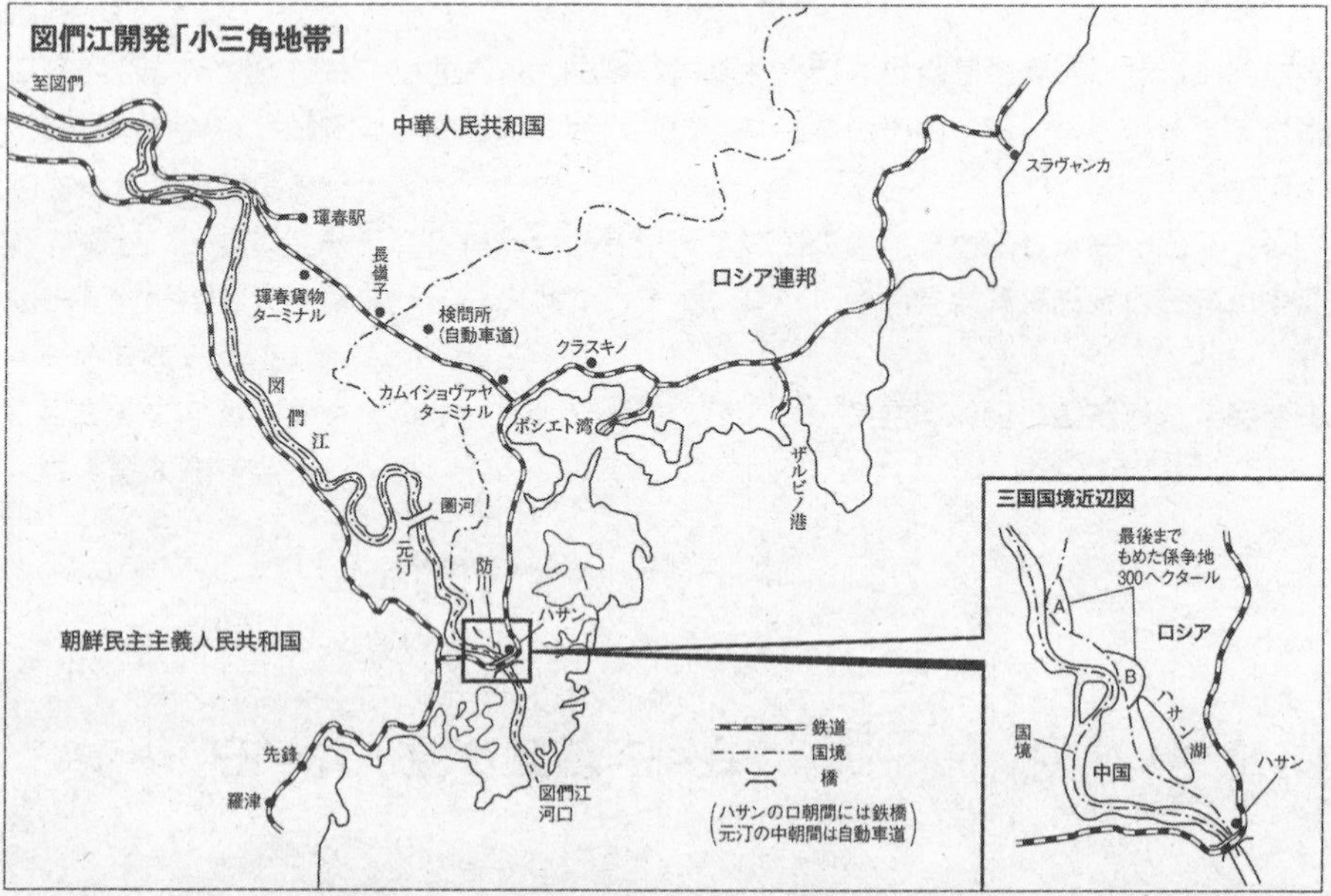
図們江開発「小三角地帯」
至図們
中華人民共和国
琿春駅
長嶺子
琿春貨物
ターミナル
検問所
(自動車道)
クラスキノ
カムイショヴァヤ
ターミナル
ポシエト湾
ロシア連邦
スラヴャンカ
ザルビノ港
図們江
圏河
元汀
防川
ハサン
朝鮮民主主義人民共和国
先鋒
羅津
図們江
河口
鉄道
国境
橋
(ハサンの口朝間には鉄橋
元汀の中朝間は自動車道)
三国国境近辺図
最後まで
もめた係争地
300ヘクタール
A
B
ロシア
ハサン湖
国境
中国
ハサン

清津及び羅津からの鉄道は、いずれも日本が架設した。豆満（図們）江に架かる鉄橋の向こうには、北朝鮮の守備隊の兵舎が肉眼で見えた。

その張鼓峰から鉄橋寄りに、防川という中国軍の国境警備基地がある。そこに行くには、琿春を豆満江に沿って走る国道一〇二号線を、蛇行しながら下る。

安東の旅行会社の曹さんに、「防川基地から豆満江、金正日がナホトカへ専用列車で渡ったロ朝鉄橋、さらに日本海を遠望したい」と無理な注文をすると、案の定、最初は「危険、ダメです」との返事だった。ところが、あまりにも中国の各地から「防川ツアー」が組まれ、中国内部からの基地見学の要請が増えた。

さすがというか、観光ドルになると判断した琿春市は、吉林省や北京政府に働きかけたらしく、突如、解禁となった。幸いにも、私たちのツアーは防川基地を見学できることになった。私がこのツアーに参加したきっかけのひとつは、いうまでもなく「防川から日本海を遠望」することにあった。また、八月九日のソ連軍侵攻ルートを確認するためでもある。

ところが前夜、私は嘔吐と激しい下痢と発熱に苦しめられた。みんなに迷惑になると思い、夕方までホテルにとどまることも考えたが、体の中のすべての物が出てしまったせいか、朝方には峠を越え、下痢の時間幅も長めになったこともあり、出かけることにした。

バスの中では、熱のため座ってはおれず、二人がけの椅子に横になって寝た。そのため、防川へ行く道筋はほとんど覚えていない。私が目をさましたのは、バスが激しくバウンドし、左右に揺れ出した頃である。起きて、窓外を見ると、右手に豆満江が、静かに美しく流れていた。その対岸には三十度傾斜した山があった。

対岸の丘は北朝鮮領で、人家らしき建物はあるが、人の姿はなかった。自然破壊とは無縁な、自然そのものだった。その対岸を、豆満江に沿って羅津から図們への鉄道が走っている。軍事物資と日本からの開拓移民を運ぶため、石原莞爾の起案で開通した羅津線である。

羅津線は訓找駅で、右に行けば琿春、左に行けば図們へと別れる。

「この左手が、ロシアとの国境です。石杭《いしくい》が打ち込まれて、鉄線が見えますか」

ガイドの曹さんは、左手の草原を指さした。背丈一〜二メートルの灌木である。その手前には一軒の中国人の家があり、農夫がこっちを見ていた。一見農夫だが、じつは国境監視員である。かつて関東軍は、石原莞爾（当時参謀本部課長）の起案で、ソ満国境近くに「農兵」という開拓団を送り込んだ。彼らはソ連軍やソ連スパイの監視を兼ねた。

しかし、満州人の中にソ連のスパイに通じる農民がいて、東満の諜報活動は厳しいものがあった。

ソ連兵といっても、顔かたちは同じ東洋人だから、関東軍の特務機関員やその手先で働く諜報員たちにも判断しにくいところがある。不満を持つ満州人の中には、ソ連側に通じる者もいて、疑心暗鬼を繰りかえした。特に共産党員の侵入が日立ちはじめた。金日成のように、ソ連共産党員の下でゲリラ活動を展開するため、特に琿春一帯は取り締まるのがむずかしかった。

のちに、私たちが防川へ向かう豆満江の北側の国道S二〇一号線は、八月九日、ソ連軍の戦車隊が琿春に侵攻した道路のひとつだった。私たちはその道を防川へ向かっている。その道は次第に先細りになっていて、川下の方へ行くにつれて左右に国境線が近づく。右は豆満江、左にはソ連との国境の杭が、手をのばせば届くところにある。日本人がこの三つの国の国境に入るのは、私たちが初めてだろう、と曹さんの表情がこわばった。もちろん、だだっ広い草原にソ連兵がいるわけではない。しかし、右手の豆満江の対岸には人家があり、朝鮮兵がそこから見張っているはずである。兵隊を見たのは、防川のかつての監視所であり、今は観光用の展望台になっている三階建てのビルに近づいた頃だった。左右に詰所の小屋があり、細い道には鉄製のバーが一本かかっていて、通行する車を制止していた。

李さんはそのバーの前でバスを止めた。するとと、左右から若い兵隊たちが近寄ってきた。曹さんがバスのドアを開けて話しかけた。私たちには会話の内容は分からない。私は「ここから先はダメということか」と思った。肝心の、どこか高台から、豆満江の河口、さらにその向こうに日本海、左手のハサン湖が見られないことになるのは、なんとも無念だ。

よくよく見ると、左手の木造の詰所の壁には、「景区管理処」とある。

若い兵隊が五人いた。車に近寄った二人は、銃を持っている風ではない。詰所の中に置いているのだろう。まだこちらを警戒はしていない。無表情の二人が詰所の中に入った。

「百八十元、入場料を払えば、ここを通れるそうです」

曹さんが団長の池田さんに伝えた。

「一人百八十元？」

「いや、一台に百八十元です。昔は、詰所もなかったそうです。今は観光用だそうです」

行ける、と分かり、岡田さんも私もほっとした。この日のために、国境ツアーに参加したからである。

一台百八十元の通行料を払うと、ゲートのバーが上がった。李さんがバスを動かした。これで無事通過と思ったが、左右の詰所にいる中国兵の視線は固かった。こちらの顔を注視している。ソ連人や北朝鮮人を刺激させるような行動、たとえば爆竹を鳴らすとか、展望台を破壊するような行動をとられると、国境紛争の火種になりかねないからだろう。

奥に入ると、左手にテニスコート三枚ほどの赤土の駐車場があった。すでに先客の乗用車と観光バスが駐車していた。頭上で中国人の話す声が聞こえた。見上げると、長い階段を上がったところに青く塗られた三階建ての建物があり、その方から聞こえてきた。

しかし右手眼下の豆満江は、植樹された杉や灌木で目隠しされていて見えない。どうやら対岸の北朝鮮側に配慮してのことらしい。しかもその方向には、若い兵隊が二人立っていて、こちら側を監視していた。

私は曹さんに、望遠レンズのカメラは禁止されている、と聞いていたので、もう一個のオリンパスペンの小型カメラを取り出してバスを下りた。また、この旅行中はスケッチをしていたので、スケッチブックを左の小脇に挟んでバスを下り、三十段ほどの石段を上がった。

階段の登り口の左手に、高さ二メートルほどの江沢民の記念石碑が立っていた。石碑は一九九一年六月八日、

「延邊軍分区邊防団五連

守東北前哨

揚中華國威」とある。

また右手には、豆満江の河口を写した写真があり、標語が横書きされていた。

「政治合格、軍事过硬、作風伏良、紀律厳明、保障有力――江澤民」

中国共産党は、スローガンの名人である。看板を建てて、人民を統一している姿が読みとれる。スローガンのあるなしでは、受けとる市民側の気持ちも変わってくる。

戦後の日本のように、何もなくなると、国民の気持ちは、「はたして政府は国造りを考えているのだろうか」と疑心暗鬼になり、政治そのものを信じなくなる。

たとえ実行不可能でも、「永久平和」とか「農工一体」とか、「敬天愛人」とか、「男は家族のために汗を流せ、男は友のために涙を流せ、男は国のために血を流せ――自民党」という戦前の素晴らしい道徳心をスローガンにして、東京といわず全国の駅や道路に看板を立てると、国民の道徳心は向上したであろう。

もしも看板にいたずらしたら、ブタ小屋に叩き込む、または極刑に処するとポスターを貼れば、イタズラする者は少なくなるばかりか、皆無になるだろう。

あちこちにあるスローガンの看板にイタズラ書きした光景は、ついに一件もなかった。それだけ、中国共産党の教育が徹底しているからだろう。公共物を大切にする教育は、道徳でだめなら、法律で厳罰するほかないのかも知れない。ある程度の、国家権力による統一は必要不可欠ということを、満州の曠野で知らされた。それでなければ、広い中国を統治するのは不可能である。

防川の展望台で見たもの

防川の展望台は屋上にある。観光客用に開放していた。「車一台百八十元」という

防川は、中国領土の先端である。この川には旧ソ連と北朝鮮を結ぶ鉄橋が架かっている。橋の右手が北朝鮮、左が旧ソ連領で、この川を下ると日本海に出る。

単位はユニークである。頭数をカウントするよりも、時間が省《はぶ》かれるからであろう。じつはこの方法で、牡丹江から東の綏芬河《すいふんが》の国境見学で、中国人のペテンに引っかかるという、笑うに笑えないアクシデントが起きる。

綏芬河の旧国境の出入国ゲートは、観光用に開放されて無料である。かつての出入国ゲートの事務所は、新しい国境を見学した観光客用の土産品売場になっている。そのほかにもゲートから二十メートル手前に、中国人のショップがある。

ゲートの旧詰所跡はそのまま残っていて、確かに兵隊がいた。しかし検問用のバーはない。車は自由に出入りし

ソ連領土のハサンの鉄橋守備隊の兵舎。川の向こうが日本海である。

ている。ところが、兵隊たちと遊んでいた一般市民服の兄さんが、私たちのバスに気づくと、手を上げて止めた。曹さんがドアを開けて話したところ、いきなり乗り込んできて、

「一人三十元。ハイハイね。七人なら二百十元。百元でいいね」と曹さんに伝えた。

事情が分からない私は、満州にも割り引きしてくれるサービス精神があるんだね、と感心した。いきなりバスに乗り込んできて、頭数をかぞえて半額サービスするあたりが、じつは喰わせ者だったことをあとで知る。こっちは白い半袖シャツの兄さんが何者か分からない。制服を着ていないところから、非番の警備兵だとばかり思った。

その手早い行動に出た兄さんは、金をと

ると、制服組の兵士たちのいる詰所に入ったまま出てこなかった。それまで、こちらには通行料をとる、とらないの判断力もなければ疑う余裕もなかった。

ところが、見学してから歩いて帰る途中のことである。その兄さんが、新しく出来たショップの女性に紙幣を手渡しているところを、私は見てしまった。兄さんは詰所の兵士ではなく、ショップの女マネージャーと組んでひと儲《もう》けする呼び込み屋だったのである。私たちから巻き上げた金の一部を、制服の兵士たちにチップがわりに渡し、ショップの女マネージャーには、口止め料を払うのだろう。

その兄さんは、わざわざ右横にあるショップに私たちを案内したからである。初めてくる者には、それが正式の観光ルートだと思い込んでしまう。香港や上海なら予想しないでもないが、満州の、ソ満国境で、その手のサギ師が堂々と稼ぐのだから、いずれ満州全土に蔓延《まんえん》するだろう。

屋上から見る豆満江は、真下に蛇行していた。川の左半分が川砂で埋まっている。その流れを遮《さえぎ》るように、右手の北朝鮮と左手のロシア側へ、橋桁の低い黒い鉄橋が横たわっている。「朝ロ専用」の鉄橋である。

この鉄橋は軍事的にも意義がある。ロシア側はハサン駅、北朝鮮側は洪儀駅を結ぶ鉄道は、万一のときはロシア軍が派兵できる。金主席が亡命するときは、専用列車でこの鉄橋が渡れるのだ。

だが、この鉄橋のため、中国の大型船舶の航行は不可能になった。

私たちがいる展望台は、旧満州時代の張鼓峰である。すぐうしろがハサン湖である。ハサン湖の向こうに、ハサン駅舎と駅員や軍人の官舎が見える。ソ連と満州の国境は、このハサン湖と河口から十二・八キロの左岸の起点を結んだ延長線で区切られていた。

今も左岸の起点地には、白い三階建ての監視所があった。展望台からハサン駅の東側は、ハサン湿地帯だが、その向こうに、島のように突き出した山、将軍峰（日本名）がある。その山の向こうは日本海である。

反対に右手の豆満江の対岸は、かつて朝鮮軍司令部と十九師団、混成の百一連隊の守備地だった。昭和二十年八月当時、河口よりの九龍地区に歩兵一個中隊がいて、ウラジオストックからのソ連軍の上陸に備えていた。

その川上の、甑山《こしきやま》地区には歩兵一個中隊と砲兵二個中隊がいた。さらにその上流、ちょうど私たちが立っている展望台から真南の対岸、今は鉄道が走り、洪儀駅が見える高台だが、ここは咸林山地区で、歩兵二個中隊、歩兵大隊本部、砲兵二個中隊が守備していた。

琿春と北朝鮮を結ぶ慶興橋の山の中腹は長湛山地区で、羅津線の四会駅と結びついた軍専用道路があり、今でもこの山道を、中国役人の車が羅津に向かって走っている。

この咸林山の向こうが、歌で名高いアリラン峠である。四会から青鶴へのこの峠を越え、満州方面へ渡る恋人との別れをうたった歌の由来地は、日本軍の砲兵大隊で守られていた。

豆満江にかかる慶興橋という自動車専用の鉄橋の近くは、歩兵一個中隊が守備していた。

夏の間は豆満江は水量が増え、ソ連軍は渡河が不可能だが、冬は凍結するので防川地区から戦車は無理でも、歩兵隊はソリを使って琿春に向かって侵攻できる。

昭和二十年八月九日、ソ連軍はハサン地区から琿春と、豆満江の対岸、朝鮮軍百一独立連隊を攻撃して上陸した。流れの浅い川床を渡り、火力に乏しい混成百一連隊を撃破している。

私がスケッチブックを取り出して対岸の山をボールペンで描こうとすると、右の頬に何か固い視線を感じた。振り向くと、白い半袖シャツの中国人女性が、私をじっと見つめていた。その眼は固く、瞬きひとつしない。明らかに、私を警戒している眼だった。もしもそのままスケッチを続けていたら、私は逮捕されていたかも知れない私はその場でスケッチブックを畳み、脇に挟むと対岸の北朝鮮、左手のハサン湖、その向こうに広がる湿地帯を見渡した。

「眼で見るのは許されるが、スケッチブックはダメか」

スケッチがダメならと、私はカメラに納めた。多分に、かつての張鼓峰（防川）にくることは二度とないだろうから、との思いでシャッターを切った。

ほかにも中国各地からの観光ツアー客が上がってきて、展望台は混雑した。私たちには次の予定もあった。日本兵がシベリアへ送り込まれた駅と、国道を捜し、そのあと夕方には王儀を経て黒龍江省に入らねばならない。

私は熱で体がだるくなり、ひと足先に下りてバスの中で横になることにした。

バスの駐車場に下りて間もなく、二人の若い兵士と会った。最初は警戒しているようで固い表情だったが、池上さんから習いたての「何歳？」と筆談した。

すると右側の兵士が、私のノートに「23」と書いた。もう一人は「24」と書いた。

そのときだった。突如、頭の上でスピーカーが怒鳴った。鋭い声である。振り返ると、命令調の声は、展望台の左手の三階建ての白い建物からだった。二人の若い兵士は突然、両踵《かかと》を揃えて直立不動になった。

どうやら、上の建物から、上司がこちらの様子を監視しているようだった。中・ロ

・朝の三国は同盟国だから領土を侵犯することはなく、むしろ国境に入る中国人や観光客を監視しているようである。

上官は若い二人の兵士に、「近寄らせるな、しっかり見張れ！」とでも言ったのだろう。私には中国語は分からないが、二人の兵士のその後の直立不動と唇を固く結んだ様子から、そういうふうに想像した。

私が駐車場に止めてあるバスの中で、だるくなった体を休めていると、軍歴十八年の李さんが、二人の前に立って何か話していた。しかし私の場合と違って、上の司令部からは、命令調の声はない。中国人か日本人か、司令部の者には判断できているらしい。

国境の検問所は賑わう

そのあと、私は熱にうなされて、二人がけの椅子に横たわっていた。そのあと、どこをどう通ったのか覚えていない。着いたのは、だだっ広い湿地帯のまん中にある琿春口岸（出入国の検問所）だった。ゲートに向かって左側には、ソ連側から中国へ入国するトラックが列をなしていた。そのゲートの左手前には、タクシーや小型バスが駐車し、男女がゲートの方を向いて立っている。

右側にもバスやタクシーが駐車している。こちらはロシアへ出国する人たちが通るゲートである。

私の前には英語でキング・ロングと書いた大型観光バスが駐車し、曹さんが運転手に何か話しかけていた。

この検問所はまだ新しく、国境を越えるとロシア領のカムイショバヤ、クラスキノ、そしてウラジオストックに通じている。私たちが見学している間に、三十トンもの大型トレーラーがロシア側から中国領に入ってきた。運転手は中国人である。何を運び、何を積んで帰ってくるのか。コンテナ風の大きな箱のものは、見当がつかない。

むしろ、「いつのまにソ満国境は、道路と鉄道で互いに通じるようになったのか」と驚かされた。十年前には「中・ロ間に、トンネルを掘ってスラバニカまで鉄道を入れよう」と中国側が提案したが、ロシア側はウンともスンとも言わなかった。「工事代は中国側で」と持ちかけると、ようやくその気になったが、鉄道の方は道路にとられて、あまり機能を果たしているふうではない。

つぎに行った湿田の中にポツンと立っている長嶺駅の鉄路口岸（長嶺鉄道検問所）は休業状態だった。五階建てビルの管理人たちは、広い駐車場に出てバレーボールをしていた。そこは職員たちの白い中古の乗用車が二台、駐車しているだけである。

この検問所の左手に、二階建ての、廃虚同然のレンガの駅舎があった。ここが、日本人捕虜が、強制的に無蓋の貨車に乗せられてシベリアへ送り込まれた悲劇の長嶺駅である。周りは休耕状態の湿田で、水田には向かないらしく放置されている。錆《さ》びついた線路が二本、南から北へ続いていた。駅から数キロ先はロシア領で、一九四五年八月九日、ソ連軍の戦車が琿春を攻めてきた一帯である。

この日は、ポプラが白い花を咲かせ、風に舞っていた。アスファルトの道路上には、綿のような白い花が、七月のさわやかな風に舞っていた。しかし、微熱で体調を崩していた私には、その風は肌寒く感じられた。

吉・黒峠

バスは図們から北に上った。豆満江に注ぐ汪清川に沿う、一般道路を山に向かって走る。大型車が通ることもないせいか、アスファルトの道路はさほど痛んでいない。図們駅から牡丹江駅への鉄道と併行して走る。

この鉄道は、満鉄が日本の開拓団を牡丹江、佳木斯《ジャムス》へ輸送するために建設した延海線である。牡丹江から松花江の佳木斯まで鉄道が伸びると、図們・佳木斯線を円佳線とあらためた。図們と北の佳木斯を、直通で結んだ、開拓団にとっては夢の鉄道だった。つまり、朝鮮の羅津や清津港から鉄道に乗ると、図們まで出て、そこから牡丹江、佳木斯へと上がる。牡丹江駅は東西南北への乗り換え駅でもある。

延海線は川に沿ったかと思うと、川を越えて向こうの山裾に行き、また川や道路に接近して併行した。

起きて窓外を見ると、前方には巨大な山脈が立ち塞がっている。道路も鉄道も、山脈の手前で終点となる、そう思った。多分に鉄道も、四～五度の山裾を縫って、遠回りして行くのだろう。

一行は途中でバスを止め、草むらに入って小用をすました。それから一時間ほど走る。その頃、川が汚濁されているのに気づく。汪清には旧日本企業が残した製紙工場があり、今も古い工場ながら操業していた。しかし、まだ公害問題は起きていないらしく、タレ流しである。

江清は県である。中国では市が上で県がその下になる。街は江清川と鉄道に沿って北に細長く広がる。延吉からきた鉄道も、ここで図們からの延海線と合流する。ここでつくられた紙は延吉経由で吉林、長春、奉天方面と、図們経由で朝鮮半島に運び出されていた。江清はいわば製紙工場の街で、仕事のない男たちは街路に机を持ち出し、トランプで遊んでいた。

道は汪清を過ぎてから、緩やかに曲がった山道に入った。コンクリート舗装の道である。周りは白樺の原生林である。上り坂をバスは上がる。

ふと、私の前の席で両足を開いて踏ん張っていた八十四歳の鈴木さんの顔が、鬱蒼としている高さ二十メートルの白樺の原生林に釘づけになった。

「こんな原生林の中に入って隠れたんですよ。道はなく、三日三晩、何も喰わずに、歩きました。昼間は太陽の位置さえ分からないんです。五島出身の兵隊は優秀でしたよ。樹の倒れ方や枝の向きで、方位を判断しましてね。私らは四百人いましたが、昼間も暗い原生林の中を、ひたすら南の方へ、敦化をめざして歩きました。昼間、満人に見つかるとロスケに通報されるから、会わないように、原生林に入るわけです。やっかいな山でしてね、原生林から出られずに亡くなった兵隊もいましたよ。私の隊は全員無事に鏡泊湖に辿り着けました。そこから敦化へ下りる予定だったのですよ。そこで、開拓団の女性たちが、ロスケにひどい目にあいましてね。あれには参った。ひでえ野郎たちだった……」

と言って、鈴木さんは、思い出したくないらしく、口を閉ざした。

坂道を一時間ほど走ると、前方に石塔が見えてきた。そこでバスは停車した。

「ここは、吉林省と黒龍江省の国境です。この先は黒龍江省。間もなく鏡泊湖です」

曹さんは、それから肺ガンで余命いくばくもない奥さんが用意してくれた熱いお茶を、全員に振るまった。

うしろの下り坂道は吉林省で、前方の下り坂は黒龍江省と知ると、また新しい戦跡に出会えるが、鈴木さんにはイヤな思い出しかなく、バスから下りるや、「白樺を見るのはイヤだ、イヤだ」と言って苦笑いしていた。

山間の開拓村跡か

峠を下ると、道は左右にうねった。小さな川が流れていて、その川に沿って道がある。やがて森を切り開いた小さな段々畑が点々としてきた。日本で見かける畦で仕切った畑である。ここはかつて日本人の開拓村だったらしく、なつかしくなった。

間もなく道路の左右に、古い土壁の農家が見えてきた。畑には黒く円い、小さな黒いビニールをかぶったものが、畝《うね》をつくって植えられている。農夫が手入れをしていた。木耳《きくらげ》栽培畑である。中華料理にはかならずある、耳たぶのようなクラゲ状の植物である。

この一帯は湿度がなく、栽培に適しているらしく、下の方の畑では見られなかった。道路沿いに家が建ち、一見すると、長野県や山梨県の農道を下りているような感じを

受ける

しかしこんな山の中腹に、なぜ農地を切り開いたのか、間もなくナゾが解けた。それは鉄道が走っていたからである。江清で見たレールは、その後どこをどう走っていたのか、出会うことはなかった。原生林が繁った山あいを切り開いて、満鉄はレールを敷き、図們から東京城駅、牡丹江駅へ、鉄道をのばしている。

「もしかしたら、この辺りは日本人開拓村ではないのか」

曹さんに尋ねたが、彼にも分からなかった。

国道は戦後、中国人が造ったものだった。それまでは道はなく、交通手段は鉄道だけである。鉄道が入り、駅がつくられ、日本人開拓団は森林を切り開いていったのだろう。おそらく、あとから満州に渡った開拓農家が切り開いたものに違いなさそうである。

バスはやがて、平地に出た。途中で国道二〇一号線に出て左に折れる。この道は牡丹江から安寧、東京城、鏡泊湖から敦化に出る道である。五味川純平さんの隊も鈴木さんの隊も、方面軍司令部のある敦化をめざして、この道を歩いた。

「でも、ぼくらはロスケや満人に見つからないように、夜道を歩いたから、思い出せないな」

鈴木さんはトウモロコシ畑が広がる平原を遠望した。とっくに終戦だったが、何も知らされず、日本兵はソ連兵に追われながら、ボロボロになって、夜道を敦化へと歩いている。

第７章　牡丹江の夏

開拓団ルートへ

牡丹江は満鉄が進出するまでは海林と呼ばれる寒村であった。東清鉄道が入ると、満州里から哈爾濱、牡丹江経由ウラジオストック行きのソ連領への中継駅になる。日本が当時、一億二千万円の大金を払って買収してから、本格的に、牡丹江周辺が開発された。主として鉄道の枕木や住宅用建材、パルプ材など、木材の集荷所となる。

さらに延海線が図們駅から東京城《とんきん》駅経由で延びると、日本（新潟）～北朝鮮（羅津《らじん》・清津《せじん》）経由からの開拓団移民が入植した。多くが青森、秋田、山形、仙台、岩手、新潟、長野県など、東北、信越方面からの開拓団だった。

その一方でシベリア鉄道を持つソ連は、東清鉄道を身売りした莫大な金で、ソ連経済五ヵ年計画に入り、軍需産業を強化した。

関東軍が駐留したのは昭和十三年で、青森の弘前第八師団が司令部を置いた。昭和十三年は関東軍はまだ六個師団しかなく、東の護りは琿春を第十二師団（当時小倉）と牡丹江の第八師団の二個師団が配置された。

すでにソ連軍は、極東に二十個師団を配置していて、日ソの軍備は一対三だった。ところがその後、経済五ヵ年計画で極東軍は強化された。これにともなって、日本も昭和十六年の関東軍特別演習のときは、東満には、第五軍（東安）二個師団と第三軍（牡丹江）二個師団、北満の北安には第四軍の三個師団、西のハイラルには第六軍の二個師団、鶏寧には第二十軍の二個師団、新京には関東軍防衛軍直轄の三個師団と歩兵三旅団、ほかに航空兵団が配置された。

これは昭和十一年、参謀本部作戦課長石原莞爾の満蒙計画のひとつで、関東軍は自給自足に入っていた。重工業を中心とした産業開発に入り、満州で自給し、日本本土への補給も行なっていた。

昭和二十年八月には、形だけの十一個師団で構成される第一方面軍（司令部・敦化）と十個師団と四旅団で構成される第三方面軍（司令部・奉天）が、第十七方面軍を戦闘序列に入れた関東総軍の中に、第四軍（哈爾濱）の三個師団と四旅団が守備についていた。

しかし、機甲部隊や航空旅団及び重兵器隊はことごとく南方へ転出させられ、カス同然の軍隊だけになっていた。南方へは夜の間に各前線基地をソ連スパイに見つからぬように移動したが、大部隊の移動は、ソ連スパイの満州人の知るところとなる。

情報はソ連極東軍に通じていて、関東軍の動向は手に取るように、読まれていたのであるが、ここですでに関東軍はすでに情報戦で敗れていた。東京の参謀本部と東条英機が、もっと早く白旗を挙げておれば、満州も朝鮮半島も台湾も失わなかっただろう。

しかし関東軍が、極東ソ連軍の動向にまったく無知だったわけではない。当時の関東軍作戦参謀草地貞吾大佐によると、「八月末頃にはスターリンが意図する対日戦遂行戦力に達しうるものと判断された」（『その日関東軍は』より）とある。

昭和二十年五月から七月にかけて、ソ連軍の人員は約百三十万人、飛行機は五千五百機、戦車四千台、狙撃師団は四十個師団と推定されていた。

ソ満国境方面の兵団や部隊は、昼間シベリア鉄道の輸送状況やソ連軍の動向を監視し続けていて、六月頃からは、自動車類の輸送がいちじるしく増加しているのを見届けている。そのことは、後方部隊の輸送に移り、ほぼすべての輸送が終わりつつあることを意味した。

この頃の大本営の「対ソ判断」は、八月末頃には武力発動可能の態勢を整え、初秋の頃、対日武力発動の公算が大きい、と推測している。

これに対し、現地の関東軍の判断はどうだったか。草地参謀は同書の中で、「七月頃における関東軍自体の情勢判断は、忌憚《きたん》なくいって大本営よりやや甘かったのではないか。こちらの準備はまだ十分にできていない。今出て来られては困る。もうしばらくすれば編成、装備もととのうし、教育もできる。どうにかして、この冬まではソ連を出したくないものだという主観的願望があり（中略）、心の中では危ないと思いながら、一方ではまだまだ、というような淡い希望というよりも願望が、心理の底にあった」と回顧している。

しかし五月三十日、大本営は関東軍の作戦態勢を切りかえ、戦闘序列を命令する。それは、「満鮮を打って一丸とする徹底的全面持久計画」というものだ。これが関東軍の最後の作戦計画であった。その中核となった計画は、「京図線以南、連京線以東の要域を確保して持久戦に出るもので、全満州の四分の三は放棄しても通化の要域だけは確保せよ」というものであった。

つまり図們と新京、新京と大連を結んだ地帯を主として確保し、他は作戦放棄である。

六月四日、参謀総長梅津美治郎大将が勅命をもって大連に到着し、山田乙三関東軍総司令官、岡村支那派遣軍総司令官と秘密重要会議を行なった。これは、いわば最後のお別れ会議である。

関東軍は図們～新京、新京～大連を結んだ四分の一を確保するため後退をはじめる。東満方面の第一方面軍は六月下旬、前線の司令部を後退させた。

しかし機械化兵団、飛行旅団、戦車隊、野砲隊など主力を南洋にとられてスポンジ状態の第一線の部隊は、火力もなく、手榴弾二発と九九式短小銃、実弾六十発、なかには木銃で前線に張りつけとなる兵隊もいた。

牡丹江市街が空爆されたのは、八月九日午前一時頃である。ついで新京市街も空爆された。このときの空爆で駅周辺の民家、倉庫が爆破された。いうまでもなく、スターリンが満州侵攻を早めたのは、アメリカが六日、広島に原爆を落としたからである。焦ったスターリンは、七日午後四時半、満州攻撃にサインした。

消費都市牡丹江

七月八日朝九時。私たち一行は一泊した鏡泊湖のホテルを出る。前日七日は夕方になって鏡泊湖に着いたので、どこも見学していない。この夜は中国人の学会が行なわれ、各地から観光バスが到着していた。

鏡泊湖は避暑地で、鄧小平は毎年この湖畔の別荘を訪れていた。夜、私はひとりで敷地内を歩いたが、あちこちに「抗日戦を忘れるな」の石碑や看板が目立つ。その中を歩いた。

考えてみれば、七月七日は盧溝橋事件が起きた日である。中国共産党軍の実弾一発が、歴史を変えた、日本人にとってはありがたくない日である。「鏡泊湖でうかれるな」という意味だろうが、共産党のスローガンは、ここにもあり、その中を私は、知らぬ顔をして歩いた。

翌朝、鏡泊湖の検問所を出てから、最初の展望台近くで、鈴木さんはタバコ一箱を五元払って買った。禁煙家の鈴木さんがタバコを買った理由は、牡丹江で知ることになる。鈴木さんは、そのタバコを胸のポケットに大事に仕舞われた。

鏡泊湖を見学した私たちは、バスで東京城《とんきん》市、寧安、横道河子まで出かけ、未完成の高速道路に乗り、明るいうちに牡丹江へ入った。

途中の寧安は、鏡泊湖で捕虜となった鈴木さんたちが、軍刀を捨てさせられて武装解除したところである。全員、飛行場近くの倉庫に入れられた。また、鏡泊湖から同行してきた婦女子たちとは、そこで別れたが、その後、婦女子たちがどうなったものか、ついに知ることはできなかった。

寧安で武装解除された鈴木さんたちは、そこから牡丹江の収容所へ歩かされた。四千人ほどの日本兵が、屋根のない倉庫の土の上で寝かされた。今回、八十四歳の鈴木さんがツアーに参加した最大の目的は、牡丹江の収容所を訪れ、そこで亡くなった戦友たちに、タバコを届けて吸わせることだった。

牡丹江で最初に私の眼に入ったものは、ポプラ並木の市街左手のカラフルな看板である。なんと西洋人がゴルフスイングをしている写真だった。「こんな土地で……」と私は驚いてしまった。そのあとすぐに、「もしかしたら、この市は巨大消費都市ではないか」と直感するものがあった。ひとつには、二十から三十階の高層ビルが建ち並び、十階建てアパートやマンションが林立していたからである。また、高層マンションが、あちこちで建築中でもあった。

どれほどの高所得者がいるか、予測はできなかったが、もしかしたら、これから出かけるソ満国境の自由経済特区、綏芬河と関係がありそうに思えたのである。

牡丹江に着いた当日、もうひとつ驚いたのは、牡丹江駅ビルが巨大なコンクリートの建物になっていて、これまで見てきた駅ビルを上まわるセキュリティーが行き届いていたことである。

まず切符を買って駅ビルの入口のドアでチェックされ、さらに不審な荷物をチェック。そのあとふたたび切符が検札される。日本の駅のようにオープンではない。駅員が鋏《はさみ》を入れる。都内なら自動改札機を通すだけ、というシステムではない。過剰とも受けとれる警戒である。したがって、駅ビル内を切符なしで見学することはできない。

これまで見てきた吉林駅、延吉はそのままビルの中に入れたが、牡丹江駅では、テロを警戒しているらしく、ガードが固かった。

その夜、私はホテル前のメインストリートを歩くのだが、満州にきて初めてビルの一階に「二十四小時自動銀行服务」を見る。日本で言うところの「自動引き払い機」である。英語でセルフ・サービス・バンクとある。初めて英語文字を見た。銀行カード制があり、欧州なみの自動引き払い機が常設されていた。ということは、ビジネスマンや家庭の主婦の中に、すでにカード払いをする人がいるということである。

大通りの向こうには、三十階建ての中国銀行ビルが天を突くように立っている。銀行は業種別に分かれていて、近くには「中国建設銀行」がある。私たちが泊まったホテルの前には、五階建ての旧日本領事館ビルがあるが、今は牡丹江人民政府ビルになっていた。中庭を囲むように四角形の建物で、日本の旧大蔵省の建物を思わせる、ど

牡丹江駅前にて。かつては材木を積み出す駅だった。日本軍が１個師団入ると急に拓けて、いまは赤い乗用車で賑わう。

っしりとした重厚な建物である。

　看板には、北米アメリカの進出を思わせるものが二つあった。ひとつはケンタッキーである。フライドチキンの店が、街角に一軒。またメインストリートのビル一階には「加州（カナダ）牛肉面、東興養食城」というのがあった。

　また、英語で書いた男子服店デラックス・ショッピング・プラザもあるかと思うと、女性専用の「隆鼻隆胸、整形病院」の看板を出した病院もあった。

　駅前の大通りを四ブロック行くと、大きな十字路に突きあたる。その街角の公共掲示板には、「部屋貸し、月六〇〜七〇元」「家庭教師する、美男子、求む」とある。夜の牡丹江を一緒に歩いていた

鈴木千秋さんに、その意味を尋ねると、

「これは、家庭教師をしたい人が書いたのではなく、親の方が、美男子の家庭教師を求める、の意味でしょう」と言って首をかしげた。

牡丹江収容所跡の戦友にタバコを

牡丹江駅前で、私たちは一人の女性を待った。曹さんの旅行会社が雇った現地ガイドの女性である。名前は忘れたが、日本に留学していて、今は郷里の牡丹江に戻っていた。色白の小柄なかわいい女性で、流暢な日本語を話した。

しかし戦前、戦時中の歴史や日本の軍人がいた師団司令部や病院、牡丹江神社のことは、「祖母から聞いて、うすうす知っている」程度だった。

彼女が最初に案内したのは、かつて日本の陸軍病院があった、五階建ての北山賓館（北山ホテル）である。真ん中の正面に車寄せがあるのは、日本人の設計を忍ばせるに充分だった。

この北山ホテルの右側、石段を上がった奥に、山を背にした忠霊塔が残っていた。今はその神社は壊されて、抗日戦の烈士記念碑が、かつての本殿のところに建っている。「一九四七年記念碑」とある。が、おそらく忠霊塔にコンクリートを塗り、抗日

ホテルの窓から見渡した市街。大通りでは祭りの踊りで賑わっていた。ホテルより西側を眺める。

戦の文字を刻んだのだろう。一九四七年には記念碑を建てる資材も余裕もなかったわけで、のちに塔の先端に銃を持った中国兵の像を飾ったもののようである。

この土地には、日本人が造園した牡丹江公園が今も残っていた。一九三五年の着工で、一九四一年に公園となった。戦後は一九四七年に朱徳公園となり、今は人民公園と呼ばれる。

ここにも「抗戦勝利の塔」「日本抗戦勝利記念館」があった。昔は有料公園だったが、今では入場無料で、日本庭園が散策できる。源平の池を形どったものもあり、戦前の日本人の生活ぶりが忍ばれた。

最後に、鈴木能文元少尉が、爆破され

て屋根のない病馬廠跡に収容されたハッタツ地区の旧収容所へ向かった。

左眼が緑内障、右眼が白内障の鈴木さんは、バスが細い道を上がる頃、しきりに周囲に眼を走らせた。

「ここだ！　ここだ！」と指をさした。

駅の裏の山道を上がった右手は、メートルの土堤で、内庭は廃墟になり、雑草がはえている。収容所跡である。

鈴木さんは、先にバスから下り、道脇に立った。それから白いワイシャツの胸ポケットからタバコの箱を取り出した。封を切ると、戦友に差し出した。そしてそのまま、ポンと土堤に投げ、合掌した。白い髪が風に吹かれて逆立った。

「コンクリーの床でね。冷たかった。十月になると、まだ霜はないけど、夜は零下に近い。四千人近い日本人捕虜が、体を寄せ合ってまるくなっていたんです。朝起きてみると、傍《かたわ》らの男が死んでいた。凍死です。この収容所では戦利品の手伝いですが、やがてある日、牡丹江駅まで歩かされ、全員貨物車に乗せられた。貨物車にはトビラに穴をあけて、走りながらそこから小便です。大の方は列車が停まったときにとび下りて、用たしです。貨物車の中では壁にいた男が、吹き込んでくる風で凍死していました。体調が少しでも悪いと、やられましたな……」

バスはホテルに着く。ひと風呂浴びると、八時にレストランに集合して夕食となった。この夜は、お互いに鈴木能文さんの長寿を祝って、曹さんも李さんも一緒に乾杯した。

翌朝、私は六時頃に起きた。なかにし礼さん一家がいた森田商店あとを捜したが、すでに跡かたもなかった。商店と名のつく看板を見たのは、牡丹江市から二里先の国境のまち、綏芬河《すいふんが》に出発して間もなかった。右手に、「紅橋商店」と横書きの平屋の古い家があった。戦前の日本人の商店なのか。今は誰が住んでいるのか。紅橋商店は、「オレはまだここにいるぞ」と語りかけているようだった。

第８章　綏芬河《すいふんが》（ボグラニチナヤ）

五味川純平の記録

綏芬河のソ満国境は、なだらかな丘で、川のない、地続きである。境界線は草むらの界標だけである。関東軍は戦車隊の侵入に備えて、早くから国境に要塞をつくり、一個師団を配置し、四万人近くの日本人が生活していた。

昭和十三年七月には、小倉の第十二師団が綏芬河国境と、綏芬河から南へ一時間先の東寧を守備していた。後方の牡丹江には弘前第八師団が守備につき、琿春の関東軍駐屯軍（実力歩兵二中隊）は、ウラジオストックに近い国境を守備していた。

昭和十八年末時点では、ソ連の極東第一方面軍と正面から対峙した第五軍は、ウスリー河を挟んでソ連領に突き出して正面対峙する虎頭に第十五国境守備隊をはじめ、東安には第百三十五師団、鶏寧には百二十六師団と二十五師団、万城子と綏芬河の間を第百二十四師団、南の東寧に第十二師団、豆満江沿いの琿春に第三軍の第百十二師団が守備していた。

なかでも第五軍第百二十四師団が守備する綏芬河一帯は、声をかければ敵側に聞こえるほどの至近距離で対峙していた。昭和二十年八月九日午前一時。満州領内に侵入していたソ連武装偵察員の打ち上げる信号弾を合図に、ソ連の第一極東方面軍の第一軍、第五軍、第三十五軍の戦車隊は、綏芬河の国境、またその南で、第十二師団が台湾に引き抜かれて空っぽになった東寧のソ満国境から、時速十キロの速さで雪崩《なだれ》を打って丘を上がってきた。

第一軍は狙撃師団五個師団と三個狙撃旅団、それに三個戦車旅団（一旅団は百五十輌）、第五軍は狙撃兵一個師団と一個旅団、百五十輌の戦車旅団、第三十五軍は狙撃一個師団、狙撃一個旅団、百五十輌の戦車旅団で構成され、一気に綏芬河、東寧国境から侵攻してきた。

一方、守る日本師団は要塞はあったが、重火器、弾薬はなく、押し切られた。満州軍機は、関東軍参謀完倉寿郎によると、「三十機程度しかなかった。これが終戦前の関東軍の姿だった」と回顧録で書き残している。

勃利《ボツリ》にいた十二機の特攻隊員は、いずれも陸士を出たばかりの若者だった。綏芬河には五月一日に列車で着く。ここには日本の女子学校もあり、女学生たちは自分の指を切って出した血で染めた十二枚の血染めの鉢巻を、特攻隊員たちに渡している。

当時、特攻隊員の一人、徳富太三郎（陸士五十八期生、徳富蘇峰の孫）は「あの女学生たちは、その後どうなっただろうか。死んでしまったのだろうな」と寂しく語る。十二名の特攻隊は勃利の教官訓練所に戻るが、そのあと軍の命令で通化に後退している。日本死守の命令が出ていたのである。

徳富少尉は、この綏芬河で、作者不明の「綏芬河小唄」を聞かされた。歌詞は「風吹く夕べに、北満のボグラニチナヤの丘に立ち、足下の平野を眺めれば……」である。

作家の五味川純平は、その頃、綏芬河北方の永久陣地で、国境の動哨に立っていた。動哨とは、宵闇と共に国境周辺に入り、ソ連軍の動きを監視する国境警備隊のことで、夜明け前頃には引き揚げた。

しかし、昭和二十年の春頃まで、櫛の歯が欠けるように、合計十二個師団、その多くは東満国境にいた機械、重火砲を持つ師団だったが、南方に持って行かれた。残ったのは軽機銃程度だった。

二等兵の五味川は、「栄光の虚像と悲惨の実像・関東軍」（別冊文藝春秋）の中で、当時の綏芬河の警備の様子をこう書いている。

「私たちは陣地配備につく演習を再々やらされたが、これはあまり意味があるとは思えなかった。陣地の構造は堅固でも、もはや強力な大砲は一つもなくなっていて、せいぜい軽火器と肉弾で守るほかなかったのである。大砲は南方戦線へ運ばれたが、途中で海没したか、本土に備えるために搬送されて朝鮮あたりで野積みになったか、いずれかであろう。丸太の擬砲を見たときには、悲哀と憤りを覚え、私たちの運命はきわまったことを覚悟しなければならなかった」

二十年の春、関東軍は、兵隊の員数を揃えるため、在満郷軍の大動員をやった。頭数を揃えて格好をつけるだけの動員である。満十九歳の現役と、くたびれ果てた四十歳前後の第二国民兵役の初年兵である。

五味川は五十六名の初年兵の教育のため、助手係となる。上等兵の分際での助手である。

三ヵ月間の初作兵教育が終わる七月、彼の隊は陣地作業のため伊林地区へ後退を命じられた。この陣地作業とは、九月頃の日ソ開戦を想定して、内線陣地に拠《よ》る作戦のためで、上半身裸になり、築城のかわりの穴掘り作業である。そのさなか、前線の陣地がソ連軍に敗れ、大隊長以下全員が玉砕した。

「私たちは、その東正面を担当したソ連の第一極東方面軍の進攻路で、蟻のように地面を掘っていた。（中略）死は、もう、確実であった。数日後には驟雨《しゅうう》のような砲弾に叩きのめされるのだ。私は自分の年令を想った。二十九歳はまだ人生の入口でしかない」

この日以来、五味川の隊は四日間、山間を転々として戦車壕を掘ったが、十二日には砲戦を聞く。その後、初年兵たちに銃と弾薬、たったの三十発、手榴弾二発が渡された。それからはソ連軍が越えてくるだろう稜線と対面する丘の斜面にタコ壺を掘り、待ち伏せる。

しかし、もののみごとに押しつぶされ、それからは原生林に入って逃避し、方面軍司令部のある敦化をめざした。時あたかも軍属の鈴木能文さんや兵隊たちも敦化をめざして逃げていた。

ソ連戦車に特攻自爆

私たちは牡丹江から、かつてソ連軍の戦車隊が磨刀石《まとうせき》、牡丹江、哈爾濱へ攻めて来た道を、逆ルートでソ満国境の綏芬河へ向かった。

バスは牡丹江と綏芬河間を走る牡綏線に沿って東へ東へと走る。かつてはウラジオストックから哈爾濱、満州里経由でモスクワへ続く東清鉄道である。戦後、ソ連軍はこの路線のレールはそのまま残したが、周辺のレールは片っ端から引き抜いてウラジオストックへ戦利品として持ち出した。

辺りは一面、大豆畑である。そのほかにトウモロコシ畑が広がる。左手の線路側には川が流れていて、その辺りは水田になっている。野菜やトマト畑もある。自給自足なのだろう、それとも市場で売るトマトか。気候的には北海道なみだから、「地畑」での栽培は、この辺りが北限だろう。よく見ると、右も左も山である。小高い丘もある。綏芬河に続く道は、右側の山よりの平地にある。

一行の一人、篠崎正卓さん（七十四歳）から、牡丹江と綏芬河の中間地点にある磨刀石の戦いが説明された。この辺りは、日本で言うと、ちょうど関ヶ原の地形に似ていた。左右が山で、牡丹江、哈爾濱へ行くには、どうしても、約一キロほどの平坦地を通らないといけない。牡綏線も国道も、ここを走っていて、いわば東西を結ぶ動脈線である。

関東軍は、この道を挟むように、磨刀石に猪股繁策大尉の大隊が守備した。ちょうど磨刀駅の北側に小高い丘がある。そこに大隊の司令部があった。私は駅から歩いて十分ほど坂をのぼり、裏側から丘の頂上に上がった。そこからは左手の綏芬河方面が、右手には牡丹江方面が遠望できた。

牡丹江の南、石頭駅から東の台地には戦車第一旅団があり、戦車訓練所があった。若い隊員たちは戦車訓練を受けると、ある者は磨刀石陣地に配置となった。が、すでに戦車はなく、また丘の砲台には木製の黒塗りした擬砲を置いていた。

綏芬河を突破したソ連の戦車隊は、猪股大隊を相手にせず、時速十キロの早さで牡丹江をめざして突進した。後方の戦車隊が向きをかえて、磨刀山の猪股隊を攻撃し、四百人いた大隊は全滅する。

駅は東清鉄道のレールをそのまま使ったもので、プラットホームといい五フィートのレール幅といい、旧ソ連製のものである。篠崎さんは、日本から持ってきたワンカップの日本酒を、駅のプラットホームにそなえた。土地の男に、日本人のことを聞くが、戦時中のことを知る者はほとんどいなかった。ある若者は「おじいさんの話では、南の山（駅から南側）で炭を焼いていた。いいものを造っていて、今もその跡が残っている」と語った。

その「磨刀石の戦い」を目撃した難波武曹長は二〇〇五年九月に、収容所体験記『拉古《らこ》』を出版している。その本によると、「擬装した十五榴、十榴、山砲（なかには木製も）が、『いざ敵戦車御座んなれ』とばかりに穆稜《ムーリン》街道をにらんでいた。すでに砲手も弾薬手も砲側に位置していた。数時間以内には、これらの砲は敵に向かって森然たる火蓋を切るであろう。穆稜を抜いて百二十五師団の重砲連隊が布陣する牡丹江に向かい、街道をひた押しに進んで来る敵の戦車群は、ここで手痛い打撃を受けるか、全滅するのであろうと胸が躍った」

傾斜面では〝タコツボ〟と呼ばれる個人用の小さな塹壕で、アンパンと呼ばれた特殊吸着地雷や黄色火薬を抱いて、死を恐れぬ勇敢な若い肉弾兵たちが、ソ連のテーベー三十四型戦車の群れを待ち伏せていた。

補給係だった難波武曹長が補給人員、補給路などの打ち合わせを終えて帰路に着くため、高台にある観測班を訪れた。そのとき、眼下のタコツボ陣地では、着弾と思われる白煙がボッ、ボッと上がるのが見えた。

しかし、それは敵の着弾ではなく、悲しくも肉攻兵たちが敵戦車に飛び込んで散華する戦闘場面だった。

「岩が動いていると見えたそれは、白煙の間を右往左往する敵戦車の群れだった。真昼の輝く太陽は緑一色の真夏の戦場を照らし、緑と岩と地面との舞台装置を施した様な遙か右下の磨刀石の丘にスポットをあてていた」と、双眼鏡で捉えた光景を、さらにこう書きとめている。

「一台の戦車が斜めになった。多分、丘へ登ろうとした所だろう。バラバラと肉攻手が蝗《いなご》のように飛びかかった。パッと昇る白煙、逆さに落ちる日本兵、あっ、やられたか？　動かなくなった戦車の砲塔だけがグルリと廻って下を向いた。やったあ、観測班から歓声が上がる。その五十メートルほど離れた所では、戦車が小さな円を描いてぐるぐる廻っている。あそこは平地なのだろう、肉攻手が次々と飛び出すのが見える。敵戦車の機関銃が火を吹いているのか、小さな火がパッと見える」

　難波曹長は、戦車に爆弾を抱いて体当たりする肉攻兵たちとの、磨万石の戦いの状況を次のように書いている。

「走っている戦車に岩の上から一人の兵が飛び降りた。砲塔がグルグルと廻り、その兵は振り落とされた。落ちた兵は動かない。戦車は動く。轢かれたのだろうか。起き上がれ、起き上がれ、眼を射す様な閃光が走った途端、赤い火柱が吹き上がった」

「一台の戦車毎に数名の肉攻班が取り巻いて、これでもかとぶつかって行く様が手にとるように見える。（中略）飛びかかる度に日本兵の命が消えていきつつあるのだ。あの白煙の一つ一つの中に、義は山嶽よりも重く、死は鴻毛よりも軽しと覚悟せよ、と脳の襞《ひだ》の隅々にまで軍人精神を叩き込まれた若い魂が、祖国の未来を信じながら莞爾として微笑しているのだ。俺は使命を果たした、あとは頼んだぞと」

　このあと緑色のトラック（米国製）数台が現われ、ソ連兵がこぼれ落ちるように飛び降りて、死闘を繰り返しているあたりに攻めて行く。やがてソ連兵のマンドリン（自動小銃）があちこちで火を吹く。しばらくして爆発音も銃声もやむ。

　ついでソ連の戦車隊は左右の日本軍陣地を攻撃し、交戦となる。ソ連兵の牡丹江入りを阻止する命令を受けていた大隊は、ここに全滅した。

　戦後、引き揚げてくる息子を待つ母の姿を歌った「岸壁の母」があった。母親の端野イセさんは、舞鶴港の岸壁に立って帰らぬ息子を待った。その息子端野新二さんも、この「磨刀石の戦い」で右脚を負傷し、消息を断った。

　おそらく牡丹江か拉古の収容所で死線をさまよい、そのあとシベリアへ連れ出されたのであろう。ついに端野新二は、母が待つ舞鶴の岸壁には帰らず、消息では今も上海で中国人妻と住んでいる、と言われている。

　ふたたび国道三〇一号に引き返し、東に向かった。十分ほど走ると、線路向こうの山が異様な段々畑になっているのが見えてきた。二つの山が、何段にも、水平に、まるで犬走りのように真横に切られている。しかも山の頂上まで続く。

一見して茶畑かと思ったが、あまりにも遠く、何を栽培しているか判断ができなかった。そうした山は二つあった。

道は緩かな坂道になった。丘である。その峠を越すと、見下ろす位置に水田が広がった。

遠くに、白いものが見え隠れする。綏芬河市郊外の建物だった。

綏芬河に架かった橋を渡る。大型トラックと行き違うようになる。綏芬河は国境近くの小川が綏芬河で合流し、東寧を抜けてソ連領内に入り、日本海へ注ぐ。

綏芬河市は総面積四百六十ヘクタールで、人口は四万人。一九九二年に、ソ連と中国との間に最初にできた「国境対外街」に指定された。

ここは一九七四年まで東寧県の一部だったが、哈爾濱についでソ連文化が根づいた国際都市でもあった。だが、文化大革命で破壊され、見るも哀れな街になった。

一九七四年、当時一万人弱だった綏芬河の市民たちは、東寧県から独立して地方政府をつくろう、と立ち上がり、黒龍江省に働きかけている。黒龍江省は国務院に働きかけ、ようやく市民の声を受け入れて「独立」を認可した。

一九八〇年代に入り、改革・解放が進むと、綏芬河と国境の向こうにあるソ連のポグラニチヌイ間で行政指導者間の往来が始まり、貿易交渉が始まる。

ソ連は野菜不足で、まず中国側から野菜を輸入した。なかでも喜ばれたのは西瓜である。

これを機に、ソ連側は列車で肥料を運び、中国側は野菜を輸出した。バーター貿易の始まりである。やがて綏芬河には税関が設けられ、一九八八年には、綏芬河税関の優遇措置が設けられ、民間貿易が始まっている。

一九九〇年三月、かつて関東軍が警備していた綏芬河の丘の国境に道路が開通した。それまでは、トンネル寄りに車一台しか通れない山道があった。そのうちにソ連側が鉄条網を建てて、通行不能にしている。中国人の入国を防ぐためである。ここではしばしば入国しようとして、ソ連の警備兵に射殺される事件が起きている。

最近でも、射殺された男の顔写真を、国境近くの道路脇に掲げ、警告している。

しかし新しい道路は、舗装された一車線で、観光バスや大型トラックの出入専用である。そこは、のちに触れるように、関東軍が全滅した国境地帯である。今は買物ツアーのバスや軍用車が、ロシア側から入国し、買物をしてまたロシア領へ引き返している。

ロシア語と中国語の国境

綏芬河は坂の街である。

私たちが綏芬河市内に入ったのは、七月十日の昼前だった。

市内に入る手前で見た前方の風景に、私は驚きのあまりに唖然とした。ここは中国でなく、旧ロシアを新しくした街だったことに気づく。

建物がまるで「中ソ合作」かと思いたくなるほど、イスラム文化が入っている。役所関係の建物は十階建ての高層ビルで、屋上には帽子をかぶった屋根がある。なかには明らかに、イスラム寺院そっくりの屋根がある。

バスは鉄道と、東寧から日本海へ続く綏芬河に沿って東へ進む。「ＧＺ15」という国道を進むと、橋に出た。鉄道は、かつてこの橋から南の東寧へ、そのひとつ手前の駅からは興寧線が図們に続いていた。昭和二十年の満鉄全線の地図には、南の図們から江清のひとつ手前の新興駅で右に分かれ、終点の東寧に続いている。

東寧のひとつ手前の城子溝で、綏芬河の西になる下城子へ続く綏寧線が走っていた。綏芬河駅へは、東清線（旧ロシア製）の河西で乗り換える。北に進む人は、そのまま下城子に出て、そこから北の西鶴寧に続く城鶴線に乗り換える。

西鶴では左右に分かれる。右に行くと東安、虎村、そしてウスリー河に突き出た国境の最前線の日本人の街、虎頭である。この線は虎林線と呼ばれ、西の林口駅と結ば

ロシア語でボグラニチナヤ。市街は列車でやってきたロシア人観光客で賑わう。

れている。つまり図們駅を起点に、牡丹江経由で日本人が設計した佳木斯へ行く図佳線の林口駅で、東の虎頭へ行く虎林線に分かれる。

図佳線は、終点の佳木斯駅から広い松花江を渡り、炭坑のまち鶴崗に出る鶴崗線につながる。

これが、朝鮮の清津港及び羅津駅から綏芬河、東寧、虎林、佳木斯、終点の鶴崗駅に続く満鉄が築いた軍用を兼ねた鉄道ネットワークだった。

だが、ソ連軍は満州侵入後、満鉄が築いた南の新興から東寧に続く興寧線、城子溝から東清鉄道の河西に続くレールをすべて撤去し、戦利品としてソ連に持ちかえった。したがって河西駅舎はなく、

ショッピングセンターには、英語、ロシア語、中国語の看板。国際都市の名ごりがある。

そこから図們へ続く路線はない。辛うじてレールの一部が、国道の「ＧＺ15」号まで伸び、そこで断ち切られているのが見えた。

私が市街の入口で最初に見た建物は、金海城木北経貿有限責任公司の高層ビルと、花園酒店の建物である。そこから先は下り坂になった。左足の丘には、まだ新しい旧ロシア風の高層建物が建っている。ほとんどが政府関係の建物である。

人工湖から流れ出る川を渡ると、そこから先は丘である。その丘に平均して十階建てのホテルやビルが、丘を駆け上がるようにして上へ上へと続く。しかもどの建物も新しい。二十階建ての建物は総ガラス張り人口たった四万人の市にしては、活気があった。

市街の道路は今、私たちが走っている一本の坂道から左右、前方に分かれて行く。市街は駅を中心に、碁盤状に区割りされている。

現在、国道から市内入口の道路は新しく広げられて、二車線になっているが、かつては駅を中心に、西側が畑で、東側が二十度近い勾配の丘であった。

この丘が、ロシア語のボグラニチナヤである。この丘は、関東軍の駐留地で、駅に近い坂の交差点の角に、かつての日本領事館があった。もとは、旧ロシア帝国時代の、茶の貿易商館だった。現在は曙光外語学校の建物になっている。学科は英語中心で、ロシア語は人気がなく、現在は教えていないとのことだった。

驚いたことに、この学校の入口の右手に「天下一手」という標語が書き込まれていた。この建物は一九一四年に建てられ、外壁の柱ひとつひとつに人頭が飾られている。

来客を迎える意味であり、外敵から守る意味もある。

この「人頭」のアクセサリーがあることから、この古い旧ロシアの建物を、土地の人たちは「人頭楼」と呼んでいる。

この旧茶商館より一年前に建てられ、この土地ではもっとも古いギリシア協会が、駅前の通りにあった。中国語で「福音堂」という教会で、一九一三年（大正二年）に造られたラマダイという教会が、その前身である。

綏芬河のホテルを捜すため、市街地に入ったときである。建物のあちこちに、中国語のほかにロシア語の看板が目立った。牡丹江でもそうだったが、黒龍江省に入ると、韓国語はゼロに近い。綏芬河では皆無で、代わってロシア語と英語の看板がいたるところで目に入る。

通りは買物袋をさげたソ連の男女、親子の姿があった。若い男女は外食店の前でハンバーガーのような物を食べ、タバコをふかしている。半袖姿の女性もいれば、皮コートの女性もいる。ロシア帝制時代、この土地はヨーロッパ文化の玄関口だったことが想像できる。

一九〇一年、ソ満国境に近いソ連のクロデューウからトンネルを掘ったソ連は、綏芬河に鉄道を敷くと、哈爾濱からクロデューウ間を試運転した。一九〇三年には、極東ソ連の軍港ウラジオストックと哈爾濱間に直通列車が走ると、旧ロシア人の移住も始まった。

翌年の綏芬河の人口は二千人で、ホテルや商店で賑わう。綏芬河は、旧ロシア人の貿易基点となる。その頃はロシア人だけでなく、日本人も含め、世界十八ヵ国の貿易商が綏芬河に店をかまえていた。建物の偉容から、当時ボグラニチナヤの丘が旧ロシア人が牛耳っていた様子が想像できる。

日本人と綏芬河

関東軍が綏芬河を占領したのは、一九三三年（昭和八年）である。満州建国から一年後のことで、日本領事館、特務機関が置かれた。

ウラジオストックから哈爾濱へ東清鉄道が開通するうえで、忘れえない一人の日本人土工頭がいた。その男の名はロシア人名イワノウィッチ、日本人名は真野新吉である。

真野は熊本の男で、農家の三男坊であった。明治二十年に、旧ロシアの鉄道工事の下請け人夫募集の話を聞き応募し、ウラジオストックへ渡った。そのとき、日本人三百名が同じ船でウラジオストックに上陸している。労働移民だ。

当時のウラジオストックは草原で、まだ鉄道はなく、ニコリスク（ウオロエロウ）まで歩き、そこで森林を拓《ひら》き、家を建て、満州の綏芬河（ボグラチナヤ）に通じる鉄道工事にとりかかる。シベリア鉄道は、まだニコリスクまでしかきていなく、真野たちはアルトム、ウラジオストック間の鉄道工事をやるが、そこでロシア人工夫の娘と恋におち、結婚して娘の両親の家に居残った。

明治二十九年十月に、恋女房に死なれた真野は傷心の日々をすごすが、知り合いのロシア人の請負い業者にすすめられて、ニコリスクと綏芬河の鉄道工事の下請けを引き受けた。

軍の特務を受けてハバロフスク、満州に潜入した石光真清中尉は、ロシア革命の後も諜報活動を続け、亡くなるまでに『曠野の花』『城下の人』『誰のために』など、手記を残している。『曠野の花』によると、石井が真野と偶然にも会ったのは、馬車で綏芬河近くまで行った途中の工事現場だった。そのときの様子を、こう書いている。

「そのうち隧道《ずいどう》工事の現場に到着した。休憩時間とみえて、土工が草原の草むらの木陰にねころんでいたが、頭領とみえる年の頃四十前後の赤銅色の逞《たくま》しい男がルパシカを着てこちらを眺めていた。見たところ、どうも日本人らしいので、私は馬車を降りて手を挙げると、彼はオオと叫んで近づいてきた。

『ごらんのとおりヨボーのように見えるでしょうが、日本人の菊地正二（偽名）と申す者、同行の二人は道連れの鉄道員です』と名乗ると、男は私に握手して、よく無事に来られましたな。この辺は至極危険で、昨日も支那商人三人が丸裸にされましたよ。馬車屋が馬賊ときているから、物騒ですよ。とにかくあなたが無事だったのは、道連れのロシア人のお蔭ですな、と笑った」

着いた。

このあと、四人は隧道工事現場の真野の事務所がある綏芬河まで歩き、午後二時に石井（別名、菊地）が真野と別れたのは、この綏芬河である。石井はニコリスク行きの土工車に乗り、そこで別れた。真野は久しぶりに会った日本人と別れるのが辛く、土工車を追いかけ、「御機嫌よう！　お達者で！　この真野を忘れないで下さい」と、ボロボロと泣きながら手を振った。

西南戦争から十年後の明治二十年頃は、日本人が海外（シベリア）へ労働移民として出かけ、ひと働きして帰るという時代だった。

石井を諜報活動に使ったのは、当時ウラジオストック駐在武官の武藤信義大尉である。武藤はのちに関東軍司令官、男爵、元帥になる。

私たちが日本人の土工頭、真野新吉が、朝鮮人労働者を使ってトンネルを掘ったというソ満国境の綏芬河トンネルを訪れたのは、着いた日の三時頃である。トンネルは中国側から一号、二号、三号とある。三号トンネルを出て左へゆるやかにカーブしながら下ったところが国境で、そこから間もなくロシアのグロデスーウ駅である。

この町は、中国人がロシア製のものを買って帰る自由貿易区で、互いにトンネルで結ばれている。このトンネルを抜けてくるロシアの「買物ツアー列車」は週に一回で、なかには宿泊して観光を楽しんだり、はるか哈爾濱までショッピングに出かけ、綏芬河駅発、夕方の列車に間に合わせる者もいる、と聞いた。

日本人真野が掘った国境のトンネル

しかし、日本人の真野新吉が掘った国境のトンネルは、捕虜の身となった関東軍の軍人たちには、複雑な思いがある。ダモイ、ダモイ（帰国）と偽って、牡丹江や哈爾濱に集められた日本人たちは、貨車に乗せられた。帰国できるという希望を抱いていた日本兵たちは、綏芬河駅からこのトンネルをくぐって行った。だが、彼らを待っていたのは、ハバロフスクの強制労働だった。

同行の鈴木能文さんもその一人で、このトンネルをくぐってソ連に連れて行かれた。曹さんの案内で、私たちは線路脇にバスを停め、線路の上を旧ソ連領に向かって歩き出した。左右は山である。左手の丘が綏芬河市であるが、一番高いところにコンクリート製の家が見えた。監視所である。

「あそこからは、旧ソ連領が見下ろせるだろうな。今、こっちも見張られているか」

私はそう思いながら、鈴木さんたちのあとに続いた。先頭を歩いたのは八十四歳の

国境のトンネル前で。トンネルの向こうは旧ソ連領で、ウラジオストックにつづく。筆者。

鈴木さんである。緑内障と白内障が進んだ老眼鏡から、しきりに周囲を見渡しながら、レールの枕木を踏んで進む。

そのうちに砂利を敷いたレールの右側に、裸地が続いた。そこは平らで歩きやすく、私たちは裸地に下りた。

十分ほど歩いたときだった。前方にトンネルが見えた。第一号トンネルである。国境は第三号トンネルを出たところであることは、あとで知った。

トンネルに近づいたときだった。女性の甲高い声が上がった。何ごとかと思ったら、先頭を行くツアー仲間の声も聞こえてくる。一瞬、ホームレスがトンネル内で生活しているのかと思ったが、そうではなかった。綏芬河の外語学校に内地留学している中国の学生男女四人だった。夏休みでトンネルを散策していたのだ。

トンネルは複線で、通過できるほど広い。ところが奥に入って気づいた。入って左側に掘り残したままの岩石がそのままになっている。手で触ると、鉄鉱石のように固く冷たかった。

レールは進行方向右側にある。しかも四本である。ひとつは内側に幅一メートルか、そこから三十センチ外側に二本のレールがある。五フィートのソ連鉄道のレールと四・八フィートの満鉄のレールのようだ。

曹さんに通訳してもらったところ、男女四人は西安から、ロシア語の勉強のため内地留学していた。野花を摘んで歩いていた。

誰かが中国語で、「ぼくらは日本人だ」と言った。すると、四人の学生はワーッと声を上げて喜んだ。

「初めて日本人を見た」と女子学生が言った。

話を聞くと、日本人はほとんど見かけないと言う。

私たちは今きた道を引きかえし、線路を跨《また》ぎ、右手の広場に上がった。そこで学生たちと別れ、李さんのバスに乗り込んだ。近くでは建物を建てるらしく、上半身裸の男たちがスコップで穴を掘っていた。

ふと、この鉄道工事を引き受けた日本人真野新吉のことを思った。いったい、どこに眠っているのだろうか。妻に死に別れて孤独な身で、いつまで生きていたのだろうか。いつか捜し出してみたいと思った。

国境道路

バスは土埃を巻き上げて坂道を登る。途中で右に折れた。一車線の農道を東へと進む。しかし、一見して農道と思われた道こそ、かつてソ満国境の道路だった。満州から旧ソ連領に続く、戦車一台しか通れない道路は、左右から藪が被いかぶさり、先に行くほど狭くなる。場所は、右手に鉄道があり、鉄道に沿って旧ソ連領に進んでいく。しばらく行くと、左手に農家が二軒あった。道と農家との間は畑である。向こうからはこちらがよく見える。見張られている、と思ったが、万一のときは曹さん、李さんの出番があるので、安心できた。

やはり、というべきか。農夫たちは手を休めてこっちを観察していた。旧ソ連領に入るバスを見るのは始めだったのだろう、警告しているようでもある。それとも、こちらを逃亡者と思ったのだろうか。

バスは約十分ほど灌木の林の中を走ったところで、道が二つに分かれた。その分かれ道のところで、奇妙な看板を見つけた。私はバスの中から、咄嗟にカメラのシャッターを切っていた。

左手のコンクリートの境界碑には「厳禁入内、辺（逸）境禁区」とある。その右上にカラープリントの警告看板が立てられていた。「警鉲長鳴」とある。射殺された中国人男性の死体と顔写真が四枚、貼ってある。

そこが国境であることは、バスが停まっている左手の道の突き当たりに、鉄制のフェンスが打ち込まれて、通行止めになっていることから察しがつく。右手の道路も、おそらくフェンスが張りめぐらされているのだろう。

だが、道は車が通っているらしく、茶褐色の道には二本のタイヤの跡が残っていた。かつてはソ連に通じる唯一の道路で、ソ連軍はこの国境の道からも侵攻してきたのだろう。

私たちは深追いすると銃撃されかねないので、そこからユーターンして、新しい国境道路に向かうことにした。

途中、バスは綏芬河駅前で停まった。駅のプラットホームに下りた。かつて捕虜となった日本の兵隊たちが、シベリアへ連れて行かれるとき、最後に停車した駅である。その同じ線路向こうのプラットホームには、今は発車前のロシアの客車が停まっていた。週に一便の買物ツアー列車である。石油とガスで好景気のロシアの買物ツアーは大事なお客さんだ。五、六人の警備兵が厳重に警戒していた。

私たちが写真を撮ろうとすると、警備兵三人が手を振って追ってきた。そのうちに、二人が線路を跨いでこちらにきたので、私たち一行はただちにそのプラットホームから離れた。

駅から北へ二、三分のところには、かつての特務機関の事務所の建物がある。内側の見学は許されなかったが、庭に入ることは許された。その庭の西側は、綏芬河駅の貨物引込線になっていて、ロシアに運ぶ木材を積んだ貨物車が、しきりに出入りしていた。

何台もの機関車が停車している光景が珍しく、私たちはカメラのレンズを向けて記念写真に納めた。すると、嬉しいのか、警告の意味なのか、機関手は一斉にピイーッ、ピイーッと警笛を鳴らした。そのけたたましさから、どうやら警告の合図らしいと知った私たちは、またもその場から離れた。

次の行く先は、新しい国境である。

自由貿易区の綏芬河を、牡丹江から続く国道は、市の北側をまっすぐ東へ進む。新しく造られたロシアツアー専用の観光道路である。牡丹江を抜けて哈爾濱へは、このルートが最短距離だ。お金を落とす「ロシア人、いらっしゃい」とばかりに、国境から哈爾濱へは高速道路が開通していて三時間で着く。

数年前まであった検問所は、今では観光用の検問所になっている。中国の各地、なかには香港からもソ満国境ツアーが送り込まれ、綏芬河市内のホテルや食堂はツアー客で賑わっている。ツアー客には、ロシア国境見学ツアーが人気を呼んでいた。

今は観光用になっている旧検問所は、手前がパスポートなど入国審査用の検問所、そこから五十メートル先に、税関用の検問所がある。今は土産品の売場になっているが、前にも触れたが、この旧検問所で、怪しいニセ検問員が、私たちから「入観料」を巻き上げた。

ニセ検問員と分かったのは、帰り道の新設された土産品店内でのことである。お兄さんは支配人らしき女性に、紙幣を手渡していた。二人の会話は聞きとれなかったが、怒りながら紙幣を四枚渡した。観光客がくる土地ではありがちな光景だ、と大めに見ていたが、そのあざやかなテクニックには、むしろ感心させられた。

国境地帯は、なだらかな丘だった。かつてソ連の戦車が、雪崩を打って越えてきた丘である。新しい検問所と税関所は隣接しているが、アスファルトの道路はロシア領

ロシア・中国の国境線。向こうの旗はロシア旗、こちらが中国旗。フェンスの向こうが国境線。双方に検問所がある。

に続いている。

ロシア側の検問所と中国側の検問所の距離は、わずか百メートルである。ロシア領にはロシア国旗が、赤い屋根の中国側の検問所には中共の国旗が、風になびいていた。

かつては日本軍の動哨が、息を殺して国境地帯を見張っていた場所である。今は中ロを結ぶアスファルトの道路が走り、観光ツアーバスや買物日あてのロシアの若者たちの車が出入りしていた。

また周辺には、ロシア風の貿易センタービルが建設され、一見してこの辺りは新しいロシア村という感じを与える。「ルーブルをおとすロシア人歓迎」の意味合いが、ありありと読みとれる。中国人はじつにしたたかだ。

しかし、中国とロシアが、現状のままでおられなくなったとき、この辺りの国境はどう変わるのか。一夜にして、ベルリンのようにコンクリートの壁が立つのだろうかと、私は周囲の丘を見渡しながら、そんなことを考えた。

綏芬河の朝市

翌朝、私は前日に見上げた監視所のある高台に上がって、トンネルやソ満国境の道路を見下ろしてみようと、朝六時にホテルを出た。

前日、市内の本屋で、綏芬河市内地図を購入して、ホテルの位置を初めて確認した私は、宿泊している哈徳利《ごうとくり》大酒店が迎新街という坂道の北側にあるのを知る。そこで朝起きると、ホテルの玄関前の歩道に立った。右手は急な下り坂、左手は急な上り坂、前方は上り坂である。

ホテルから、次の松花江の佳木斯へ出発するのは朝七時四十分。朝食は七時で、ロビーには七時三十分頃に集合である。まだ体調はよくなく、この朝も断食することにした。ヨーグルトなど乳酸菌飲料がないものかと前日も捜したが、売っていない。薬も効かぬなら、何もお腹に入れないことが応急処置だと決めた。

この不運な体調に感謝する出来ごとが起き、この朝、逆に幸運をもたらした。例の高台からの眺望計画である。

左手の坂を上がって行くと、土砂運びの一輪車である猫車のようなものに、ネギや野菜などを沢山積んで下りてくる主婦や男たちと出会った。あまりの多さに、この人たちは中華店で使う食材の買い出しからの帰りだろうかと想像した。

百メートルほど坂道を上がると、右前方に学校の建物が見えてきた。その手前の道で賑やかな人の声がした。食材を買い込んだ男女が下りてくる。私の足はその方に向いていた。

角に立って見上げると、急な坂道で、方位も南だから、多分トンネルのところから見上げた監視所のある丘につながるだろうと期待しながら、坂道を歩いた。

驚いたことに、右手には近代的な建物が並ぶ国際都市の綏芬河とはかけ離れたスラム街が、上へ上へと続いていた。スラム街といっても、ニューヨークの高層街とは違い、ここは平屋の木造と土壁の古い家である。北斜面なので陽当たりは悪い。都市整備から取り残された一角である。それとも何か事情があって、この区劃《くかく》には手をつけないのだろうか。

牡丹江の西、横道河子の駅前や裏通りは、旧満州時代そのものだったが、東の玄関口、綏芬河の一角に取り残されたスラム街は、それはそれで幸せな生活があると思った。右手のスラム街では、子供が庭で用を足していて、傍らでは女性が歯を磨いていた。

見ると、どの家も朝食の準備をしている。男たちの立ち小便には参ったが、見まいと思っても眼に入る。

坂を登り切ると、そこは路上市場だった。頂上への道は平らで、道の両側には、畑からもぎとってきたばかりの土つきのネギや野菜、それに西瓜や果物、なかには肉売り場、ソバ屋など、ありとあらゆるものが店を出していた。道という道は大混雑し、市民たちがこの坂の頂上へ、歩いて食材探しにきていた。現金で売り買いしている。ここには消費税もない。

一般に市場は人の出入りを考えて街の中心地、それも下の方に計画されるが、ここでは一番高いところの路上にある。雪や雨が降ったら当然、中止されるのだろうが、この朝は、綏芬河の全市民が集まっているようだった。

私は頂上を捜したが、そこは気象庁になっていて、フェンスで仕切られ、入ることができなかった。透かしてみると、眼下に山の稜線が見えた。一番高い位置にきている証拠は、北側の市街の建物が、眼線より低く見えたことである。

もしもこのスラム街に五階建てのホテルが建てられたら、旧ソ連領も含めて、三百六十度の眺望がひらける。残念ながらフェンスで仕切られ、路上市場になっている道路からは、トンネルに近い東南のソ満国境は見えなかった。

私は思いきってフェンスを乗り越えてみようと思ったが、要所要所に保安員が立って見張っているため、やむなく取りやめ、路上市場を道なりに歩いた。市場には昔のなつかしい駄菓子店も出ていた。綿アメ屋も出ている。リンゴのほか、高級果実のバナナも、高値で売り出されていた。

反対側の坂道も路上市場で、こちらには衣類や装飾品も売られている。ロシア製もある。小麦粉を鉄板で焼いて売っている。人の呼び交う声があちこちで起き、笑い声がたえない。

日本の統治時代、この辺りは何だったのだろうかと想像した。ふと戦前の満州人の住居は、このスラム街に見られるような平屋の家であったことが容易に想像できる。しかもこの高台の一角は、ソ連軍を監視するうえでは最大の適所である。東はすぐ眼の前がソ連領で、右手には東清鉄道のトンネルも見えるはずである。なかでも気象庁のある高台は、歩哨が交代で立った監視所であったことが想像できる。

今は路上市場になり、かつての「綏芬河小唄」にうたわれたボグラニチナヤの丘には、関東軍の監視所の跡は見られない。

荷馬車を引いて、ロバがコンクリートの坂道を下りてきた。荷が重く、前脚を押し出してガガーとブレーキをかけるが、坂が急なため、そのまま四、五メートル滑った。馬主の色黒のおじさんは、何もせず荷車に乗っている。坂道には何か車輪に、人間の手でブレーキをかける方法を考えれば、ロバへの負担は少なくてすむはずだが、工夫していない。ロバはフンを落としながら滑る。

ひとしきり、戦前の旧満州に立っているような気分になれた。

第9章　開拓村勃利《ボツリ》

日本人開拓村が見えてきた

朝七時五十分、綏芬河を発ったバスは、きのう来た道を西に向かう。ソ連戦車隊が国境か侵攻して牡丹江、哈爾濱をめざして進んだいまわしい国道を、同じ方向で走っている。

前日の進行方向と違い、ソ連軍の立場で西へ進むという状況である。そこで気づいたことがある。それは、進行方向の左右は山で、自然の要塞であり、道路は左右の関東軍の陣地から挟み撃ちしやすく、ソ連軍としては攻めづらい地形である、ことだ。

だが、ソ連軍はなぜいとも簡単に、時速十キロの早さで牡丹江へ侵攻できたのか。その理由の一つは、関東軍には飛行機も戦車も重火砲もなく、またロシアから買いとった東清鉄道の線路を破壊しなかったことにある。

鉄道は「大本営から絶対に破壊するな」（参謀本部朝枝繁春参謀）の伝令があり、そのままにしてある。火力にしては、子供だましの木製の偽装大砲を備えているだけで、すぐにソ連軍のスパイに見破られた。すでに将校の偵察も入っている。そのことは作戦が近いことを意味した。幸いにも地形上は、制空権はないものの、関東軍に利がある。

もしも大本営の作戦ではなく、関東軍だけの作戦で、宣戦布告して戦っていたらどうなっていたか。

「そりゃ、沖縄戦どころじゃなかったでしょうな。哈爾濱だけは爆撃せず残すが、新京や奉天は破壊され、百万人の死者を出していたかも……」

関東軍にいた元大佐の犬飼總一郎さんが、私にこう語ったことを思い出した。

勃利に昼までに着くため、バスは磨刀石の前で右に入り、高速道路に乗った。永安方面に向かって、北へ進む。これは地図にない道で、ソ満国境に近い。右手に樹木一本もない裸地の丘が広がってきた。よく見ると畑である。ふと「こんなに広い満州で、なぜ丘の中腹から頂上にかけて開拓する必要があったのか。むしろ必要ないのでは」

と訝《いぶか》った。

バスに揺られているうちに、頭脳の方がややまともになったのか、私は満州開拓団を結成した加藤完治が、当時の参謀本部作戦課長だった石原莞爾を訪ねて、開拓団を送る話を持ちかけ、石原に、「満人の土地には、絶対に手を出すな！」と、叱られたことを思い出した。

加藤は、そのかわり「満人の土地以外を開拓するならよいか」と詰めより、石原は、「それなら文句はない」と、苦しい答えをしている。

「そうか。日本の開拓団が、あの丘を切り開いたのだ。満州人にはできないし、その必要もないはずだ」

眼の前の畑も、丘の畑も、大豆畑である。夏の短い期間で栽培・収穫できるのは大豆のほかにトウモロコシ、小麦ぐらいだった。

畑では赤い牛が鋤《すき》を引いていた。七月に播種《はしゅ》して収穫できる植物は何だろうと考えてみるが、答えは出てこなかった。北海道と気候が似ているから、降雪に耐える植物といえば、麦である。麦は冬を越し、翌春に穂を出す。それにしては播種期が早すぎる。それとも暖かいうちにやるのか。

この辺りの高速道路は大連や安東と違ってコンクリート舗装である。アスファルトは雪が積もると凍結し、割れる。割れ目に水が貯《たま》り、下から赤土が出てきてドロ道になるから、との曹さんの説明である。

八面通の料金所にきた。ゲートの壁に二〇一省道とある。国道はG印。その下が省道である。一九九五年一月八日開通とあるから、二十年前にこの高速が北へとつながったのだろう。

八面通には牡丹江から西鶏寧駅行きの城鶴線が今も走っている。西鶏寧は現在の鶏西駅で、ここには「鶏西大学」があった。鶏西人民法院があるところを見ると、省の官舎が集中している市らしい。かつては虎林に向かう列車や林口、佳木斯、南は牡丹江、図們、北朝鮮の羅津や清津、もっと南は元山、京城、釜山に続く、乗り換え駅として賑わった。

ここには百二十六師団と二十五師団が駐留し、開戦時は国境の山の反対側にあるソ連軍基地のツリローや興凱湖を攻撃することになっていた。

だが、八月九日午前四時、ソ連軍は、さきほどの大豆畑の丘を、戦車隊で侵攻して八面通と鶏寧を攻めた。この辺りは激戦地で、関東軍は大敗している。

今は虎林から林口、佳木斯から牡丹江への重要な交通拠点で、広いバスセンターがあり、そこからは東西南北へ、路線バスが走っていた。

紅旗石油という珍しい「石油スタンド」がある。石炭の集荷所もあちこちに見られる。この一帯は戦前から石炭の採掘場だった。下城子の料金所に着くまで、石炭の臭いがした。

山の中に入ると小休止し、小用をすませる。見ると辺り一面、石炭を掘った跡がある。掘り尽くした跡と言った方が正しい。ボタ石がゴロゴロとしていて、その間から細い松や灌木が根を張り、十メートルもの高さになっている。

バスは山道を上ると、国道二〇一号線に入った。南に行けば牡丹江、北は勃利、佳木斯である。

この辺りには開拓団の地名が残っている。地名も日本の地名である。青山、通天、山形村、虎山、大西、杏樹、追分など、村名がそのまま残っているところもある。ふと日本村にきたような安堵感を覚えた。

かつてイギリスからアメリカに移住した者たちは、彼らの出身地名を、アメリカ大陸の村名にしたように、満州にも日本の出身者たちの地名を名づけたところもある。アメリカとの違いは、征服者と非征服者の違いにすぎない。もしも敗戦せずに今日まで満州が満州国であったなら、アメリカ大陸のように、その地名が残ったばかりか、大きな町に発展していただろう。

「お母さん」と言って死んだ兵隊

バスは、見渡す限り広大な大豆畑の中を北へと進む。丘を越え、また下りになった。さらに丘を越えて行く。所々に農家がぽつんと見える。低地には水たまりがあり、沼になっている。

突然、私の前の席にいる鈴木能文さんの眼が、左右の景色に釘付けになった。当時の抗戦の様子を思い出したようだ。

鈴木さんたちの独立輜重《しちょう》隊は、通称六七九三隊と呼ばれた。軍隊が必要とする兵器、糧食、被服などを管理する隊で、東安の第五軍司令部をめざして虎村を八月八日に出発した。

このとき、大隊は四百名、馬百十頭。米など糧食を乗せた車を馬に引かせて、軍司令部参謀がいる東安をめざしていた。

虎林から東安へは湿地帯で、戦車は通れない。幸いに後ろからは攻めてこられない。ところが、ソ連軍はすでに村口に入っていた。東安の第五軍司令部は牡丹江に退《さが》っていたので、指揮を仰ぐため牡丹江へ馬百十頭に車を引かせて移動する。その間、六七九三隊にはまったく情報が入らず、行く先に迷う。そこへソ連の戦車隊に追われて、向きを北の勃利にとった。

しばらくして鈴木さんは、指をさして、大豆畑をなぞるように、抗戦の場景を思い出したのである。

「この辺りだ！」と、乾いた声を発した。

「何ですか？」と聞くと、

「開拓団の村があったところです。勃利の手前だった。小学校もあった。子供たちがいたんです。ソ連の爆撃機が九機やってきて、学校を爆撃し、子供たちが沢山死んだ。日本兵がこの学校に逃げ込み、それを見ていたらしいですね。兵隊たちが学校から逃げ出したあと、爆撃機がやってきて、日本人学校を爆撃した」

虎林から勃利へと逃げた鈴木さんたちの隊は、ソ連の戦車十台に追われて、この国道を北へと走った。

幸い、戦車はガス欠なのか、動かなくなった。ところが歩兵たちが、あとを追ってくる。撃ち合いながら、坂道を必死に、勃利へと逃げた。

勃利には、西大営と呼ばれる駐屯地があったが、先に逃げたらしく、掩護がなかった。

勃利の市街へ逃げ込んだ鈴木さんの隊は、ここで市街戦となった。

る。

「川が蛇行していて、それに沿って逃げたな。兵隊が撃たれて死んだ」

勃利は市ではなく、その下の県である。その勃利駅前には川がある。天碾子河《てんずしこう》とある。

ソ連軍に追われた鈴木さんの大隊は、この川を渡ると、左手の方へ抗戦しながら逃げた。ここで馬がやられて馬車が引けず、積んでいた糧食を失った。またここで数人が撃たれて死んだ。撃たれた兵隊は、その場で置き捨てられる。

「若い兵隊は死ぬときは、私にすみません、と言ったあと、最後はオカアサンと言ってね、息を引きとった。誰も天皇陛下万才なんて言いませんよ。死ぬときは、オカアサンですよ。まっ白い顔になってね……。じつにかわいそうだった」

鈴木さんは橋を渡ると、一人でさっさと早足に左手の方へ歩き出した。どこへ行くのか。川のこちらから見ていると、鈴木さんは二百メートル先まで行って立ち止まった。すっかり変わりはてた川を眺めている。私が追いつくと、

「こんな橋はなかった。今は護岸工事されているが、当時は土堤でね。川に沿って逃げ、途中で日本人村に入り、そこから林口へ、撃ち合いながら逃げて行った。八月十四日のことです」

その日本人村では、日本の子女がソ連兵にレイプされないように、四人の主婦がソ

連兵の方へ歩いて行った、という話を聞いた。その四人の女性たちは、その後どうなったのか、消息は分からない。開拓団の人たちは、その四人の女性のことを、感謝をこめて「突撃隊女」と呼んでいる。

勃利要塞を発見

勃利駅の裏に、日本軍がいた、という情報を、昼食をとった中華店の息子から聞き、さっそく同乗してもらって捜した。線路を渡り約十分、細い道を進む。途中で引込線に沿って左へ行く。灌木《かんぼく》の林を一キロほど行くと、高さ五メートルもの大きな石碑にぶつかった。よく見ると、まだ新しい。中国人が建てたものか。石碑には、「勃利要塞」とある。

石碑の裏に書かれている文字を読む。

「一九三一、九、一八　満州事変

一九三八、三月着工

一九四四年完工」とある。

誰が書いたものか。「満州事変」という言葉は中国人は使わない。するとのちに、日本人がここにきて、この石碑を建てたのだろう。

その奥に行くと、平屋の古い小屋があり、老人が一人住んでいた。その小屋は戦前からあったもので、小屋の奥は高さ二メートル四方のコンクリートのトンネルになっていた。関東軍の弾薬庫である。老人の話では、「何千人の満人を使ってトンネルを掘った」という。地名は「三〇一高地、一九四〇年」とある。

弾薬庫の山は、灌木が繁ってよく見えないが、かなり大きなもので、高さは十七メートルと、老人が言った。奥に入ったら迷ってしまうので、私たちは、途中で引きかえした。

これほどの弾薬庫があるからには、近くに飛行場があるはずだ、と私は想像した。引込線はこの弾薬庫の前まできていた。ここから勃利駅まで運び出し、そこから北か南か、移送されたのだろう。

それとも、駅では逆方向に直接、運んだものかも知れない。その逆方向をたどれば、飛行場にたどり着く、と考えたのは、のちに勃利から依蘭へ向かう途中で、飛行場跡を見つけたときである。

飛行場跡の発見は、まったく偶然だった。勃利から松花江に面し、日本の開拓団が上陸した依蘭へ向かう途中のできごとだった。

見学ルートは、勃利に近い、土龍山事件の地を捜し、そのあとコースを真西の依蘭に向かい、夕方には松花江沿いに佳木斯に入る予定である。

土龍山に向かうには、一度勃利から国道二〇一号線を引きかえし、日本人の開拓農場虎山農園とは反対側の道を西北に進む。

バスは未舗装の農道を北西に走った。妙な農村だ。右手は小五分、左は大五分という村だが、新生村、三合村という地名もある。驚いたことに、道の西脇は白樺の並木である。これが何十キロも一直線で続く。依蘭に続く道である。ふと、唐松の並木で仕切られた北海道の農場を思わせた。

それもそのはずで、この一帯の農場は、日本の開拓団が早くから入植したところである。白樺の並木は防雪と防風用で、北海道の農地開拓方法と同じく、一枚の畑が一キロ四方もあろうか、平らで、広大なものである。ここには北海道の広大な農場そのものがあった。

開拓団たちの、モンペ姿の主婦と麦ワラ帽子をかぶった農夫の親子が、馬車に乗って両側が白樺林の農道を畑仕事に行く写真があるが、その多くはこの辺りで撮影されたものであろう。ロケーションがよく似ている。私たちは、みごとなまでに、白樺林で仕切られた広大な大豆畑を見ながら、失われた満州に、思いを馳せていた。

ここで働いていた日本人たちは、無事に帰国できただろうか。あるいは歩き疲れて、家族一緒に自害したという話を聞くと悲しくなった。そして誰に怒りをぶつけるべきか。石原莞爾がサイパン陥落直後、陸軍大臣室に呼ばれて対策を請われるが、そのとき、石原は東条に、和平を勧めた。

「でないと、日本は四島の島国になってしまうぞ！」と、諫言《かんげん》した。

あのとき、東条が、面子《メンツ》を捨てて外交交渉に入っていたなら、台湾も満州も南カラフトも北方四島も、とられずにすんでいるし、硫黄島も捨てずにすんだだろう。

そのことは別にして、私たちは工場が点在する村に着いた。うすぎたない村で、忘れられた村だった。土埃がする村は、十メートルの広い道の両側に、店と住宅を兼ねた二階建ての家なみが続く。一体、どんな仕事をして生活しているのか、古い肌着一枚の村人たちは、のっそりと歩いている。

曹さんがバスから下りて、「日本人が殺されたところを知らないか」と一人の村人に尋ねた。だが、その男は知らなかった。別の大男が近づいてきて、何を間違ったか、「日本人なら、こっちの飛行場の跡にいたと聞いたことがあるよ」と言った。それは、こちらが捜していた土龍山事件（昭和九年三月）の現場ではなかった。しかし、日本人がいたところだと聞くと、行ってみたくなる。

バスは村の交差点を右に折れて、土埃の道を十分ほど進んだ。すると左前方の大豆畑の中に、白いコンクリート、高さ二十メートルほどの円い屋根が見えてきた。格納庫である。バスを下り、畑の畦道を進んで近づいてみると、厚さ五十センチのコンクリートの半円型の屋根である。爆撃機なら、五、六機は収納できるほどの大きなものだった。

勃利には飛行場があった。滑走路は大豆畑になっていた。写真は関東軍機の格納庫。

百メートル前方には、破壊された格納庫の白い残骸が、うず高く盛り上がっている。向こうは爆破したが、こっちは爆薬がなくなったのか、砲弾のあとはあるが、そのまま残った。

ここが飛行場であることは、容易に想像できた。ちょうど南北に滑走路がある。こちらから前方を見ると、はるか向こうに小高い山脈が見えた。

帰国後、陸上五十八期生で、航空兵として勃利の飛行場にいたという徳富太三郎元少尉に聞いたところ、

「勃利から、小さなトロッコのような軽便鉄道

が飛行場まで続いていて、それに乗った」と思い出してくれた。

その飛行場は、今は広大な、向こうの先が見えない大豆畑になっている。農夫が一人、草とり中だった。

勃利には十二機ほど爆撃機がいたが、ソ連軍侵攻の前に上官の命令で、本土防衛のため新京へ、そこから四平街と通化のほぼ中間地点の東豊飛行場に集結した。ドラム缶を放ったらかした汚い飛行場で、ここに全満州の飛行機が集められた。

東豊に集結するために飛びたった勃利飛行場は、辛うじてその面影を残していた。私はその格納庫を記録するため、十枚近く、カメラに納めた。

土龍山事件跡

土龍山事件が起きた場所は、勃利飛行場跡から、さきほどの村をまっすぐ真西に貫いた一本道を、約三十分ほど行ったところである。道はこの利飛行場跡から依蘭までの一本道である。

昭和九年（一九三四年）三月、謝文東の匪賊千百名が日本人の移民団を襲撃し、武器を奪った。そのことを報《しら》された関東軍の飯塚朝吾の小隊三十名が、現場にトラック一台で急行する。その途中、バリケード前で停車したところを襲撃された。

飯塚翔吾大佐は、この襲撃で死亡した。墓は現場から西へ百メートルの大豆畑の中にある。遺骨は日本へ届けられたが、石碑のみが残っていて、戦前は手厚く手入れされていたが、戦後、文革一派の若者により破壊され、今は瓦礫《がれき》のみが残っている。

道路を隔てた反対側の畑の一角には、謝文東の碑が建っている。こちらは公園になっていて、英雄扱いだ。中央に三十メートル四方の記念の広場があり、碑が建てられていた。そこには、

「土龍山農民、
抗日武装暴動記念碑」とある。
日本の開拓団に土地を奪われた農民二百人が、武装して横代村の路上に車輪のバリケードを張って襲撃した、とある。

依蘭は日本人開拓団、最初の上陸地

バスはこの横代村から真西へ、最初の開拓団が上陸した依蘭へと向かう。すでに夕陽は大豆畑の向こうに、沈みかかっていた。農夫が二人、手を休めて私たちを見ていた。その大豆畑は、かつて日本の開拓団が残したものである。私たちは、その地と別れて依蘭に向かう。

道はでこぼこで、大変な悪路だ。李さんのバスは、穴にはまるたびに大きく、左右に揺れた。私は両足を踏ん張って耐えるが、水たまりにタイヤがはまるたびに、またガタンと揺れる。次第にみんなは、口をきかなくなっていた。

よく見ると、満州の赤い大きな夕陽が前方にあった。バスは夕陽を追って西へ西へと進んでいた。あと数分もすれば、陽は落ちるだろう。

長い橋にかかった。前方から三十トンの大型トラックが荷を一杯積んで、こっちにくる。李さんはバスを右脇に止めて、待機した。見ると、トラックは今にも横転しかねないほど、大きく左右に揺れている。ときどき、水たまりの泥水を、ビチャと踏み飛ばしながら走っていった。

待機中、左右を見た。湿地帯であった。大きな川のようだが、流れは一ヵ所だけで、あとは草もはえぬ沼地である。

谷《やち》坊頭である。

バスケットボールほどの丸っこい草の塊《かたま》りが、点々と浮いている。ヤズ坊頭とも言う。

虎林にいた鈴木さんによると、虎林の湿地帯には一杯あり、底なし沼で、ここにはまると、人も馬も沈んでしまうので、こわい、と言った。

橋を渡ると、農村に入った。両側の歩道に古い民家が並ぶ。歩道では、夏祭りだろうか、男女が太鼓を叩いて、踊っていた。白や黄の旗を振り、老若男女、幸せそうに踊っている。こういう光景を見ると、日本の盆踊りを思い出した。

その村を過ぎる頃、夕陽が落ちた。七時を過ぎていた。満州の広大な大地は、一瞬にして闇になった。外灯はなく、どこをどう走っているのか、見当がつかぬ。李さんのみが、地図を頼りに、道なりに走る。

あまりの揺れで、脳みそがバラバラにはずれて液状化現象を起こしたような、精神状態になる。呆然として、闇の中に、対向車のヘッドライトの光を捜した。

李さんが退職金で買ったバスは、ヘッドライトの向こうに、道路標識を捜すが、農村の道路のように、まっ暗な道には、何もない。

ほぼ諦《あきら》めていた頃、揺れが止まった。静かになった。バスが停止したのかと思った。が、そうではなかった。バスは動いている。ようやくコンクリートの道であった。私は言葉を失った。こんなに静かな道を走ることに、罪悪感さえ覚えた。そして、安堵したのか、私はふたたび眠っていた。

バスが停まった。夜の七時五十五分である。土城子（現在の古城廠）の料金所だった。

そこを抜けると、外灯がともった市街に入った。道は歩道を含めて百メートル近い。左右には四、五階ての建物やホテルもある。夜道には人が多く出て、歩いている。車の数は少ない。人の叫び合う声がする。賑やかなまちだ。

依蘭は川の港街だった。ここで、私たちは小休止のためレストランを捜した。一度、松花江の近くまで行くが、何も見えない。小さな公園には、散歩する土地の人たちで一杯である。暗くて顔だちは判らなかった。同じ東洋人なので、すぐに溶け込めた。

夜の八時。ほとんどのレストランは閉店前だ。一軒の食堂を見つけて入った。そこの女主人は安東出身で、同じ安東の曹さんと同郷。女主人は、安東人がいるというので、話がはずんだ。団体客は珍しくないが、日本人のツアー客を見るのは初めてと言って、店の壁に飾っている写真を、得意げに見せてくれた。

やさしい主人と結婚して、依蘭にきたという。帰りぎわ、この若夫婦は、私たちを外まで、手を振って見送ってくれた。

かつてこの依蘭の港（川の港）に上陸した日本人開拓団は、私たちがきた道を勃利方向に入植して行った。戦前の依蘭は佳木斯と並んで日本人街だった。しかし夜道からは、そうした日本人の名残りは、何も見つからなかった。

機関銃や小銃で武装した第二次の試験移民団が、哈爾濱から船で下流に進み、佳木斯の船付場に着いて上陸したのは、昭和八年七月である。上陸すると、東の依蘭県七虎力に入植した。のちに、ここは千振村と称する。大連港から哈爾濱に入り、ここから船で松花江を下る移民ルートの始まりだった。

第10章　日本人が設計した港町佳木斯《ジャムス》

松花江の水

夜九時。バスはレストランの若夫婦に見送られて、依蘭の食堂前を出発する。だが、ここから松花江に沿って佳木斯へ行く夜道は、李さんにも曹さんにも分からない。高速道路があるはずだが、市街から高速に乗る道が分からず、二人は迷った。

そのときの咄嗟の判断は、地元タクシーをチャーターすることだった。

曹さんはバスから下りると、通りかかったタクシーを停め、交渉した。タクシーの運転手は、思いもかけぬ長距離チャーターに喜んでいるはずだが、バスの中から見る限り、笑顔はない。むしろ緊張しているようだ。

そのタクシーは、曹さんを乗せると先頭を走った。李さんのバスは、タクシーがブレーキランプで位置を知らせるのを見届けて、同じ方向に進む。

高速に乗ってからは、車間を一定にして走る。三十分ほどして、佳木斯市街に入ったが、宿泊先の佳木斯国際大学の場所が分からず、ときどきタクシーを止めて、まずは佳木斯の船着場に着いた。そこで、タクシーを返した。あとは地元の人に、所在地と道を聞くことにする。

こうして、夜の九時半、まっ暗い佳木斯の川港に着き、暗闇に、松花江の水面を捜した。しかし、何も見えない。

私は川まで歩き、水に手をつけた。七月中旬というのに、凍てつくほど冷たかった。

昭和七年夏の佳木斯は、まったくの未開の地で、港も村もない。ただの松花江の川岸にすぎなかった。昭和七年に製作された講談社発行の『新満州国絵図』には、昭和六年から七年頃の全満州各地の道路や鉄道、産業などが描かれている。

これによると、吉林から松花江伝いにハバロフスクの手前、綏遠までの道路と主な村名が書かれているが、最初に道路が松花江に接するところは依蘭の町である。この町は鏡泊湖を源とする牡丹江（川）が松花江に合流する河口にあって、最初に橋を渡ることになる。

その次は富錦という村で、さらに川下の方には同江村、そして先ほどの黒龍江に沿った綏遠村で終点である。そこから先は、黒龍江を船で渡ってソ連領に入る。

この道が、ソ連のハバロフスクから吉林につながる唯一の道で、熊本出身の石光直清の手記『曠野の花』の中には、ハバロフスクからこの道を伝って哈爾濱の近くまできた日本人の女郎屋の一行と出会ったシーンがある。

当時（日露戦後）ハバロフスクには日本の総督府があり、満州派遣軍の基地でもあった。日本人の商社マンや軍人は、ハバロフスクから黒龍江を渡って満州に入り、国際都市哈爾濱に出ている。その道こそ、この『新満州国絵図』に描かれている道である。

これらの道や鉄道、産業は、それまでの満州偵察を総合して書き込まれていた「見聞録記」に基づく。最初の軍の偵察員は、石光直清中尉だった。彼は徳富蘆花の友人である。

この、まったく未開拓地、しかも、いち僻地にすぎなかった土地に佳木斯《ジャムス》という名をつけて市街地を造り上げるのは、昭和十二年一月、図們からの鉄道が入ってからである。同年十二月に市制が布かれた

駅と松花江を中心に、放射状に都市計画した当時の満鉄は、ここに日本人の手による新しい市街地を造り上げた。新京のまちを造ったあとのことで、日本人が日本人の

都市を造った二番目のまちであり、人口二十万人を目ざした。

しかもこの佳木斯は、軍事的に非常に重要な拠点となる。それは、ソ連のハバロフスクの軍艦が松花江を上って攻撃するさい、佳木斯は要塞基地の役目をするからである。

松花江が凍結する冬場は、ハバロフスクから哈爾濱へはソリで往来できる。防衛上、その中間にある佳木斯は、ソ連軍の進行を喰い止める意味で、重要な基地だった。

昭和十九年七月までは、十師団と七十一師団が駐屯していた。ところが、この二個師団は南方へ引き抜かれ、佳木斯は空っぽになった。

昭和二十年八月、ソ連軍は海軍を使い、空っぽになった佳木斯に艦砲射撃を加えて上陸した。わずかな駐屯兵で防戦するが全滅し、佳木斯と松花江の北の鶴岡は、激戦地になる。

松花江を軽視した関東軍というよりも、東京の大本営の無知と驕りが招いた敗北だった。

武装移民団

日本人が最初に上陸・入植したのは、依蘭の川岸である。昭和七年十月中旬、予備役東宮鉄男中佐に引率された在郷軍人五百名は、哈爾濱から船で松花江を下った。歴史家はこれを武装移民と非難するが、アメリカの西部開拓も、同じように武装開拓だった。誰ひとり素っ裸で未知の土地に入ってはいない。

この（第一次）武装移民は、昭和七年八月の議会で決定した満蒙開拓計画に基づくもので、在郷軍人五百名は、迫撃砲、機関銃、小銃などを大きな筏船に積み込み、松花江を曳航した。

一行はまず十月二日に、明治神宮に軍服姿で参拝した。そのあと満州に渡り、哈爾濱で積荷して、松花江を下り、上陸しやすい右岸の依蘭に着岸し、そこから上陸した。だが、哈爾濱から依蘭に武装移民団の船が出港するとの情報は、抗日遊撃部隊が知るところとなり、依蘭到着の夜、待ち伏せを喰った。

その夜、抗日遊撃部隊は、二回にわたって夜襲をかけてきた。もっともリーダーの東宮鉄男大尉は、抗日遊撃部隊が結成され、上陸する頃に襲撃してくると想定していた。

移民団は依蘭に兵舎を急造し、そこに入って警備についた。彼らは吉林軍の一員として、依蘭に駐屯し、翌年春まで警備についた。

団員たちは、こうした吉林軍の指揮下に入って警備につくことは聞かされていなかった。しかも冬に入る。団員の中には横暴を働く者もいて、移民団は満州人から「屯《とん》匪《び》」と呼ばれて恐れられた。しかし関東軍は、それら二十数名を処分、開拓団から除名し、内地へ送還している。

この満蒙開拓計画による第一次武装移民は、石原莞爾、張作霖爆破事件の実行犯の一人で、当時満州国吉林軍顧問の東宮鉄雄、農民運動家の加藤完治、農林省の石黒忠篤らが構想したといわれる。

武装移民五百名が、佳木斯から南へ五十キロ先の水豊鎮という村に入るのは翌年春である。移民団は一人につき五円で土地を買収して、森林を切り開いたり、畑地を耕した。その場合、小銃を畑の作業場近くに立てかけ、いつでも対日匪族への応戦態勢をとっていた。

五百人は、それぞれ小さな小屋を建て、そこで数人が寝泊まりした。

永豊鎮は、のちに日本名の弥栄《いやさか》村と呼ぶようになる。現在もこの村はある。場所は佳木斯から勃利に向かう円佳線の三つめの駅である。

この第一次武装開拓がモデルケースとなって、翌八年七月、第二次移民団五百名が、佳木斯に上陸し、送り込まれた。この第二次移民団は、弥栄村から南西に三十キロの、依蘭県七虎力という村である。

第三次は北安省の綏稜県で、入植者は二百五十名。第四次は東安省の密山県で、こちらは四百五十名。密山県にはその後も約千名が入植した。それ以後は朝鮮側から鉄道で牡丹江に出て、北満に入植して行く。

密山は、ソ満国境の虎頭・虎林と林口との中間地点で、極東ソ連軍とは目と鼻の先。関東軍はここに師団司令部を置き、ソ連軍と対峙した。

佳木斯は、日本人入植を記念する港町であるが、翌朝、眼がさめて、宿泊施設の周囲の旧銀座通り、領事館あとを見て回ったとき、あまりにも変わりはてた市街の様子に驚く。

佳木斯の今……

前夜遅く到着して泊まったホテルは、佳木斯大学の付属施設で、大学の国際交流センターである。まだ新しい宿泊施設で、朝起きて窓から外を見ると、陸上競技場があった。白いパンツ姿で、学生たちがトラックを走り込んでいる。

フィールドでは市民の男女が、朝日を浴びながら太極拳をやっていた。軽い身なりでジョギング中の中年男性もいる。

窓からは、遠く連山が見えた。宿泊施設は松花江から南へ一キロ行った田園地帯で、

不毛の地に、日本人が造った港町・佳木斯。駅舎は大きく、コンクリートの打ちっ放し。

周辺は教育施設がある。道路を隔てた向こうは体育館で、ロシアの留学生七、八人が歩いている。

玄関を出て通りに立つと、南北に大きな道路が走っている。佳木斯駅の、はるか南側に位置している。かつては日本からの入植者が歩いて行った道だろう。南の方には老嶺連山がある。武装した男たちは、弥栄村まで歩き、そこで強引に土地を買収し、借地権を買い、大豆や麦を撒《ま》いた。森林を切り開き、切った丸太で小屋を建て、寒い冬をしのいだ。熊狩りして食肉とし、毛皮で防寒服を作って自活する。

佳木斯まで牡丹江から鉄道が伸びると、政府関係やホテル業者、銀行などが進出

日本人が住んだジャムス銀座通りは、昔ながらの通りのまま残っていた。左右が歩道のままである。

してきた。佳木斯は農産物の集荷地となり、巨大な倉庫が建った。

戦前の佳木斯の市街地の地図を見ると、駅から松花江に向かって三本の直線道路がある。突き当たりの松花江沿いが旧市街地で、中国人や日本人の店が軒を並べていた。駅の右側は満鉄社宅街で、線路を渡ったところに佳木斯医科大学がある。

駅の表側は、松花江までの直線道路から左側が日本人街の中心地で、運河を越えたところに佳木斯神社と東宮公園がある。東宮公園の北には協和会三江省本部があり、左隣りが満州中央銀行（現在は中国銀行）、さらに道路を隔てた北側の広い土地に、三江省の建物がある。

寺は東本願と西本願寺、法華寺の三つ

松花江の船着場。船底が平らな客船は、上流のハルビンから下流のハバロフスクを航行する。

が同じブロックの中にある。銀座通りはこの寺町から松花江に向かう一帯で、道幅は約二間、左右に一間の歩道があり、東京の銀座に似た並木通りになっている。これは現在も変わらず残っていた。

この並木道の銀座通りには、三井物産、今井呉服店、佳木斯劇場、日の丸ホテル、大和ホテル、東洋カフェー、行徳ホテルがある。

西側には三菱商事支店、佳木斯市場、永田洋行、三江日日新聞社などがある。

学校は、満鉄社宅街前の運河を越えたところに大和在満国民学校が、駅の左手には朝日国民学校、寺町の西には佳木斯高等女学校がある。

女学校の隣りが佳木斯赤十字病院で、

さらに西隣りには市民グラウンドが作られていた。それだけでも、木斯は、日本人が住みやすい、みごとな都市計画だったことが容易に想像できる。昭和十四年の人口は八万六千人弱、うち日本人は四千七百九十五人だった。

この地図を見て、ふと気づいた。私たちが夜中に入った大学の国際センターは、戦前の佳木斯赤十字病院があったところで、市民グラウンドは大学のグラウンドとしてそのまま残っていることである。私が窓から見たグラウンドは、まさしく日本人が残したものである。今は観客用のコンクリートのスタンドがあるが。

また、国際センターを出た通りの向かいの学校は、昔の佳木斯女子校跡地にあたる。こうしてみると、新京同様、日本人が都市計画で造った町は、新京、佳木斯、牡丹江、黒河、孫呉など、数えてみれば結構、残っていることに気づく。

松花江を、ハバロフスクから留学してきたのだろう、ロシア人の男女学生が目立つ。彼らはグラウンド傍らの五階建ての学生寮に住んで、道路向かいの木斯大学へ歩いて通学していた。現地ガイドによると、二百人のロシア人学生がいるという。

驚いたことに、国際センターの駐車場には、例の黒い大型のアウディ車が五台、駐車していた。私が通りに出ると、もう一台入ってきて、腹の出た若い男が出てきた。この男は鋭い眼付きで、目の前を通るロシア留学生たちを監視していた。

大学内に役人が出入りするのは、この国では当然のことだが、ロシア人の男女学生たちまで監視するのは、それなりの理由があってのことだろう。

ロシアの留学生たちの中には、中国語を勉強している者が多いと聞いた。極東の政府関係やビジネス関係で、「中国語」を生かすためだろう。

かつてソ連海軍の侵攻を恐れた松花江だが、今はハバロフスク港からの臨時便も出入りしている。

佳木斯は、製紙のまちとして賑わっている。日本で言うと、苫小牧といったところか。人口は七十万人。佳木斯医大は、かつての日本の医大で、現在もその名の医大として使われていた。

第11章　アムール河・嘉蔭《ジャーイン》

松花江を渡って鶴崗へ

嘉蔭《ジャーイン》県という小さな町を地図の上で捜すのは大変に骨が折れる。ヒントは黒龍江の川岸で、私たちがソ連領をアムール河の対岸に見た最初のソ満国境だった。

このまちに行くのは、当初の予定にはなかった。炭坑の町、鶴岡からは、伊春に出て、そこから黒龍江沿いに北上し、関東軍の監視所跡を見ながら黒河に上る予定にしていた。嘉蔭は黒河に上がる途中の町なので、通過する予定だった。

だが黒河まで、ソ連領を見ながら黒龍江沿いに北上する道は長く、時間的に余裕がなかった。伊春を取りやめて嘉蔭に出て、そこで一泊し、翌朝早く、黒龍江に沿って黒河をめざすことになる。

佳木斯の松花江沿いには、八階建ての住宅が並んでいる。各窓からは松花江（白い川）が眼下に、また遥か彼方には炭坑の町、鶴岡の大平原が眺められる。

松花江は川幅が約千メートルある。途中、橋の中ほどでバスから降りて立ってみると、橋が大きく揺れていて、写真をとると、手もとがブレてうまく撮れなかった。中州がひとつある。畑になっていて、農家が一軒、建っていた。

松花江を渡り終わると、まず水田が広がった。続いてタバコ畑と大豆畑が蜒々と続く。六キロほど進むと、鶴岡の市街に入った。今度は周囲がボタ山にかわった。石炭の臭いがしてくる。大型トラックの走行が目立ちはじめた。

昭和七年発行の『新満州国絵図』には、鶴立崗とある。鉄道は松花江北側の川岸の町、湯原止まりである。湯原は川向こうの依蘭の対岸になる。

昭和十五年五月、松花江に鉄橋が架《か》かり、哈爾濱の北、綏化駅から慶安、湯原に出る鉄道綏佳線が開通した。鶴崗と綏化、哈爾濱、大連港がつながる。鶴崗の石炭は、この頃から日本に運び出された。

鶴崗は炭坑の町にしては大きく、日銀にあたる中国人民銀行、中国商工銀行などが支店を出している。周囲のビルはいずれもがっちりとした五階建てで、重厚さがある。単なる石炭の町とは思えない。

『新満州国絵図』には、まだ石炭の町という印《しるし》はなく、近くの松花江沿いには「砂金」の印がついている。

満州は、松花江と黒龍江沿いに、砂金が豊富であることは、すでに昭和の初めの頃から知られていた。砂金は鶴崗の北、黒龍江との間と、黒河の下流、愛琿一帯でとれた。

私たちが、砂金掘りの現場と出会うのは、鶴崗を発って嘉蔭に向かう山中でだった。バスは鶴崗を午後の二時頃に出発し、山の中の省道に入った。この辺りにも日本人の開拓民が入ったのだろうか、山の中腹まで唐松林を切り開いた畑がある。長野県や静岡県あたりで見かける裾野開墾《かいこん》は、昭和十五年頃から始まっている。満州人の土地（農地）を借りることができず、遅れて入植してきた人たちは、山の南斜面を切り開いて大豆を植えている。

「この辺りまで入植したのか」

私は夫婦で切り開いた光景を想像すると、急に物悲しくなってきた。体調が悪くて、椅子に横になった。

バスは唐松や白樺林の細い林道に入った。それから峠を二つ越えた。一体どこへ向かっているのか。曹さんにも運転手の李さんにも分からなかった。曹さんは携帯電話をホテルにかけてみるが、電話が通じなかった。

雨になった。道路がぬかるんでくる。林道は次第に暗くなり、水たまりが出来る。ジープが一台、バスを追い越して行った。

ふと左右の白樺林の中の小川が、異常に盛り上がっているのに気づいた。砂利が人力で掘り上げられ、残土が積み上げられている。それも、小川沿いに続く。私は、砂金掘りだと直感した。砂金掘りの現場は、右手の谷間にもあった。こちらは機械を使った様子で、大規模である。花崗岩を砕いた砂利が、一メートルほどの高さで横に積み上げられている。

これが砂金掘り現場との最初の出会いだった。

ところが小雨が降るなか、李さんのバスは、ついに泥濘《ぬかるみ》にはまって動けなくなった。何度かバックにギアを入れて後進させるが、土が削られて、ますます深みにはまった。それを五、六度繰りかえしたあとだった。私たちがバスから下りて「押してやる」と立つと、李さんは、

「大丈夫。雨に濡れるから、そのままで」

と中国語で独り語《ひとりごと》をいって下りた。どうするかと見まもっていると、彼は林の中に入り、白樺の枝をバリバリと折って両腕にかかえ、後輪タイヤのうしろに敷いた。運

転席に座ると、思い切り後進した。

すると、辛うじて車体が浮き、路上に出た。そのあとは速度をつけて、たった今と
び出した泥濘の上を走る。一度体が沈んだが、勢いがついているので、バスは一気に
ドロをはねて走り出した。

このときのロスタイムを埋め合わせようと、李さんは速度を上げた。そして最後の
峠を越えたところで、ひと休みした。

私はその花の名前を知らないが、林道の道端に、背丈一メートルほどの、白い花を
咲かせた草花があった。暗い山林の中で、遠くから見ると、白い着物姿の女性に見え
た。私はその花を写真に撮った。しかし、日本の草花辞典で調べても、その花の名前
は分からなかった。私はその花を「満州の花嫁」と名づけた。

小休止すると、道は下りになった。左右が低い山で、谷間を縫って下っていた。そ
の辺りも砂金を掘りつくしたボタ山が、どこまでも続いていた。田んぼのように広い
川砂も掘り起こされて、まるで土砂を裏返しにしたように、小さなボタ山が続いてい
た。

右手の森の切れ目に、集落が見えてきた。左手は畑である。

「この地図、まったく当てにならんですよ！」

さきほど地図で道を捜していたガイドの曹さんが、助手席から私たちの方を振り向いた。林道は途中で二つに分かれていて、迷ってしまったらしい。

橋を渡ったところで、バスを止めると、曹さんは下りた。橋のところで釣りをしていたまっ黒い顔の老人と息子に、道を尋ねた。バスの中の私たちには会話は聞きとれないが、老人の方が、右手を指さした。曹さんは、ほっとした顔で戻ってきた。

「右だそうです。行きましょう」と言った。

バスは山の裾を切り開いた林道を右に進んだ。右下を見ると、さきほどの川である。やはり砂金を掘ったボタ山が、今度は大きなモグラが掘り起こしたように、こんもりと土砂が、幾つも盛りあがっている。

砂金は川から出てくるのでなく、山を削った土砂と共に川に流れてくるものであるから、同じ川を何度も何度も掘り起こすらしい。一体、砂金は誰の所有物になるのか、と興味があったが、そのとき、バスが急停車した。対向車のニッサンのジープも止まった。曹さんが下りてジープの運転手に道を聞いたところ、彼は、

「土砂崩れで行き止まり!」

と言った。このジープも、どうやら同じ方向に行くらしい。

そこで、ユーターンして、今きた道を戻り、先ほどの老人が言ったところまで引き

かえし、反対の左の道に入った。だが、老人と息子の二人は、そこにはいなかった。

金鉱の露天掘りを発見

露天掘りの金採掘所を見たのは、道に迷ったあげくのはてだった。すでに外は暗く、道は雨上がりの後で、泥濘のままだった。下り道だが、途中でボタ山にぶつかって、速度を落とした。

そのときだった。私は硫黄の臭いに気づいた。そこで暗くなった窓の外を見た。驚く光景に、私は思わず中腰になっていた。

右手に、直径で五百メートル、深さ百メートルほどの大きな擂り鉢状の池を見たのである。

先ほどの雨で、池の水は赤錆《あかさび》色である。その池が、何のためにあるのか、分からなかった。後学のため、バスを止めると、小休止して池の前に立った。よく見ると、池の内側はトラックが通れる道が、螺旋状に続いている。

金鉱石の露天掘りだった。内側から土砂ごと削り、トラックで外に運び出し、水で洗い落とすのだろう。

最初は小さな擂り鉢からはじまり、次第に輪を広げて掘る。それがいつの間にか直径五百メートルもの揺り鉢になっている。

なるほど、砂金は水で洗い、選別する。佐渡の金山は横穴式。ここではひと山そっくり削り、そのあとは、揺り鉢に掘り下げている。

驚いたのは、露天掘りを終えた揺り鉢状の大きな池が、左手にもあったことである。この池に、新しい揺り鉢状の池にたまった水をポンプアップして、古い池に流し込んでいた。

しかし、作業所は見えない。人もいなければトラックもなかった。閉山なら、池の水をポンプアップする必要はない。

そこが金鉱石採掘所であることを確認できたのは、十分ほど夜道を下ったところに、工場らしき建物があって、「金鉱招待所」の看板を見たときである。

私たちは道に迷い、工場街に入ったが、そこから先は行き止まりだった。道を歩いている人に嘉蔭への道を聞くと、反対側の方を指さした。

すでに夜の七時二十四分。外は暗く、外灯がともっていた。人家が沢山あるが、夕食時であろう、外を歩く人はいない。私たちは焦った。

道を引き返し、ドロ道を走ると、しばらくして左手に長屋の社宅街が見えてきた。ちょうど日本の炭坑の社宅のように、平屋の家が横に二十軒、それが五、六列である。

それぞれコンクリートの白い道路が走っていて、外灯もともっていた。

夕食後の散歩らしく、ロシア系の女性と中国人の夫が、ゆっくりした足どりで歩いてきた。その夫婦を左手に見て、バスは社宅街に沿い、半円を描きながら進む。

ようやく平地、それも久しぶりのコンクリート道路である。体の揺れも、振動もない。暗くなった夜道を、バスは静かに、暗闇に呑み込まれるようにして走る。コンクリート道路を走れることに、私は思わず「ああ、ありがたや、ありがたや」と感謝した。

ホタルのお迎え

金鉱山社宅前を通って一時間ほど、外灯のないまっ暗な山道を、ヘッドライトだけを頼りに進んで間もなかった。突然、李さんのバスが止まった。

周囲はまっ暗で何も見えない。腕時計を見ると九時近い。

止まっているバスの横で、懐中電灯がさっと闇を切った。人の声がする。しかし、何が起きたのか、様子が分からないまま、しばらく車内で待機することにした。

バッテリーがもったいないので、車内は電気を切った。それから間もなかった。虫が窓に当たってパチ、パチと音がする。それは、螢の群れであった。下の方からゆっくりと舞い上がる。それが何百匹も舞い踊る。右手の窓にも螢がとび交い、一瞬、車内はライトアップされたように明るくなった。

「ホタルの出迎えだ」

私は窓をあけ、螢をつかもうとして手をのばした。そのとき、前方から、人の叫ぶ声がした。足音と共に懐中電灯が上下に動いた。何ごとかと、体を乗り出し、暗闇の中に眼をすかした。

車が止まっていた。それも一、二台ではない。また遠くでも、懐中電灯と、車のヘッドライトの明かりが、かすかに見える。そのとき、これは単なる交通事故で、道が塞がり、動きがとれないでいるな、と想像した。

ふたたび雨が降り続き、雷がダァーンと鳴った。

異状に気づいた曹さんが、嘉蔭のホテルと連絡をとるため携帯電話をかけた。しかし、電波が届かない。

「参りました」と言うなり、曹さんは、雨の中をとび出した。電波が届く高いところへ行き、そこから電話をかけるためだった。だが、出て行ったきり、約一時間近く戻らない。

左車線を引き返す車が二台続いた。李さんはバスを前進させた。また止まり、エンジンを切る。それから一時間。ペチャペチャと足音が近づき、雨に濡れた曹さんが引き返してきた。高いところを捜し、そこから通話できたという。

事態も、ようやくつかめた。曹さんの報告によると、つぎのようだった。

「午後一時頃、橋工事中の仮りの橋で、ビール瓶を積んだトラックが泥濘にはまり動けなくなっていて、間もなくクレーン車が嘉蔭方面から出動してくる」

「ホテルからは迎えの車を出すが、途中、道路がつかえているので、到着時間は分からない。着いたら、懐中電灯で知らせる」

「荷物はバスの中に置き、体だけで移動して下さい。李さんは、開通するまで、バスの中で寝泊まりします。開通したら、嘉蔭のホテルに向かいます」と言って、ふたたび雨の中を外にとび出していった。

それから約一時間。動きがなかった、暗く、静かな時間がすぎた。私は窓外の螢の明かりを追って、心を癒《いや》した。螢は、ときどきガラス窓に当たって落下したが、また飛び立った。

十一時頃だった。迎えのマイクロバス二台が、橋の向こう側に到着した、と曹さんからの報せ《しら》で私たちはバスを下り、ドロ道を歩く。懐中電灯はなく、鈴木さんの小さな豆電球の光を頼りに、ドロ道を抜き足で進む。

現場にきて、大型トラックが傾いたまま動けないのを知る。クレーン車のヘッドライトを頼りに、土管を埋めただけの粗末な仮りの橋を渡った。

「まるで難民の移動だね」と、岡田さんが言った。

ホテルには、深夜の十一時三十分に着く。着がえるものはなく、シャワーを浴びると、肌着一枚のまま、ベッドに入った。しかし、見知らぬ土地への警戒心から、三時近くまで眠れなかった。

アムール河の水は冷たい

嘉蔭は〝ジャーイン〟と読む。現在の略式表現では嘉荫となる。これはなかなか読みづらい。中国共産党は文盲をなくすため、表記を簡略化（簡体字）した。このため中国文字の語源は、大陸から消えて行った。繁体字表記は、台湾と日本にのみ残る。

嘉蔭は市の下の県である。人口は二万人足らず。アムール河の川岸に街が集中している。二百メートル先は郊外で、水田が続く。

ホテルは、県財政局（税務所）の建物と共有したもので、税務所側からもホテル側からも入れる、中間にレストランがある。ホテルは主に役人たちが使う宿泊施設で、観光客はほとんどいない。

税務所の道路向かいが公安局（警察）、反対の角地が研修センター、そして商工ビルが建っている。官公庁のビルは王冠をかぶったソ連風の建物が多い。

このまちは恐龍の里として売り出し中だった。恐龍の化石が見つかり、博物館もある。アムール河沿いの丘には、化石が出る。今も発掘調査が進んでいた。

鉱石が豊富で、石炭、金山に恵まれ、このまちの産業資源の売り物になっていた。ホテルで手に入れたカラーのパンフレットには、「恐龍之郷」とあるが、最初の一頁には、アムールがある。森林と大豆畑、水田稲作、そして鉱山をＰＲしている。

私が最初にアムール河に手を触れたのは、嘉蔭のまちだった。朝五時、ホテルの壁をドリルで穴をあける工事の音で眼がさめると、そのまま起き、六時頃にホテルを出て散策した。

見知らぬ土地は、朝早く起きて歩くのが、好奇心旺盛な私の習性になっている。この朝も睡眠不足であったが、気を取り直して起きた。八時頃には次の乾岔子《カンチャーズ》に出発するので、自由行動時間は限られている。この朝は朝食時間を含めて二時間しかない。その間に、見てやろうと、単独行動に出たのだ。

あとでガイドの曹さんに知らされたことだが、雨の中で足止めを喰らった橋では、ビール瓶を積んだ大型トラックの引き揚げに向かったクレーン車は役に立たず、深夜、

道に迷ったすえに、夜中にやっとたどりついた嘉蔭（ジャーイン）。アムール河には中国の警備船が２隻つながれていた。

キャタピラ車が出動してワイヤで引き揚げたとのことだった。

作業が終わったのは朝の五時頃で、その間、途中で止まっていた車は、現場でそのまま一夜をあかした。李さんも、バスの中で眠り、開通と同時に嘉蔭のまちに入り、ホテル前に駐車した。

朝の六時すぎ、私が散策に出ようとホテルの玄関を下りると、右手の駐車場で、李さんはバスを水洗いしていた。車内のマットを引き下ろし、水道水でドロを洗い落としていた。声をかけようと思ったが、黙々と水洗いしている姿を見ると気の毒になり、見ぬふりをして、左手のアムール河の土堤に上がった。

土堤は高さ五、六メートルで、コンク

リートの階段になっている。階段を上がって土堤に立つと、そこは満水をたたえたアムール河だった。約千メートル向こうに、ロシア領土の川岸があり、白い小さな小屋が一軒、ぽつんと森の中に身をひそめている。

土堤は広く、湖のように静かなアムール河は、左手の川上、右手の川下ハバロフスクの方へ、果てしなく続いている。

川に下りるコンクリートの階段があった。私は階段を下り、砂利を踏んで、アムール河の水に触れた。やはり冷たい。体感温度は十五度ぐらいか。泳ぐには冷たすぎると思った。

砂利は角が削られて丸っこい。石集めが趣味の私は、小石を一個拾い、水で洗って上衣のポケットに入れた。堤防に引き返すと、スケッチブックに風景を描いた。

ふと、うしろを振り向くと、大きな看板が立っていて、共産党のスローガンが、書き込まれている。私はスケッチブックにメモした。

「四自四愛」とある。

「四自」とは、「生活上自立」「思想上自信」「学習上自強」「行為上自律」

「四愛」とは、「愛祖国、愛人民、愛労働（动）、愛集体」とある。

看板の裏側には「八栄八耻（恥）」とあった。

「八栄」とは、「以熱愛祖国為栄」「以服務人民為栄」「以栄尚科学為栄」「以辛勤労動為栄」「以団結互助為栄」「以誠実守信為栄」「以淵苦奔斗為栄」
「八址」とは、「以危害祖国為址」「以背離人民為址」「以愚昧天知為址」「以好逸悪労為址」「以損人利己為址」「以見利忘義為址」「以沸法舌紀為址」「以驕奢遥逸為址」

「四自四愛」は、道徳スローガンだが、わずか四項目で、中国人に勇気と心がまえを教えている。看板にして、公衆に報せる意味では、教科書以上の効果がある。生活、思想、学習、行為は、それぞれ自立、自信、自強、自律のために努力せよ、ということであり、統制することで広く伝わるという効果がある。

もしも、「四自四愛」を日本で広めたら、「個人主義だ、民主主義だ、自由だ」といってケチをつけるだろうが、広い中国では、「まず伝え、広め、高め、自覚させる」必要があるという意味で、効果的、なかなかの名言である。共産主義は悪だ、という前に、「四自四愛」が、日本人に失われている現実を、知るべきであろう。

GHQによって作られ、強要された日本国憲法は、「日本人をブタにする」意味あいが強い。そこには、日本の自立も自信も自強も、また自律のカケラもない。祖国愛も人民愛も、労働することの喜びもない。

安岡正篤が起草した終戦詔書の中の、「義命ノ存スル処堪ヘ難キヲ堪ヘ」を、当時の頭の悪い閣僚たちは「義命」の意味が分からない、という理由で、陳腐な「時運の趨《おもむ》ク処」に変えた。そこが、戦後日本人の道徳心がダメになった原因だと、安岡は書記官の迫水久常を責めている。

「義命」は、中国の「春秋成公八年」の中にある、「信以行義、義以成命」に語源がある。

知識力に乏しい軍人、閣僚には理解できないのはやむをえないが、安岡が、これだけは譲るな、といった「義命」の二文字を削除したことこそ、罪であり、戦後の道徳、立ち上がりの気運をダメにした、いわば戦犯である。

これまで眼にしてきた共産党のスローガンの中で、この「四自四愛」は、もっとも素晴らしく、感動的で、私の心に、深く刻み込まれた。と同時に、なぜソ満国境の土堤、それもほとんど観光客もこない嘉蔭という人口二万人足らずのまちの看板に書き込まれていたかが不思議だった。

市街を歩いていると、二つのことに気づいた。ひとつは、ほとんど子供がいない、ということである。これは佳木斯でも吉林でもそうだった。中学生以下の子供をほとんど見かけない。少子化が進んでいるためだろうが、それは加工貿易、「世界の工場」といわれる中国の前途への、いわば危険信号である。

もう一点は、このまちの人たちが、ロシア人と中国人の混血なのか、ロシア系の顔ばかりが目立ったことである。古くから、この土地にはロシア系民族が住み着いていたのだろう、と推測した。

朝、歩道で、なつかしい洗濯光景を見た。若い主婦が、ブリキの盥《たらい》の上に、波形に刻んだ長さ一メートルほどの洗濯板で、ゴシゴシと洗濯している。私も子供の頃、よくやらされたものである。

濡らしたシャツの上に石鹸を塗りつけ、左手で洗濯板の一方を押さえつけ、右手で先端を掴《つか》み、上下に凹凸の板の上をこする。すると汚れが落ちる。今度は裏表に入れかえて石鹸を塗り、同じ手つきでゴシゴシと洗う。終わると水洗いして絞り、垣根に広げたり竿竹にかけたりして干した。

この方法は、第一にただ同然に洗えることだ。洗濯機を買い、電気を使うこともない。経費はゼロ。そのうえ、洗濯機は生地を傷めるが、手洗い式は傷めず、長持ちする。

満州の片田舎には、こうした洗濯方法が残っていた。洗濯機があるから文明国だ、という概念は間違っている。物を大事にすることこそ、文明である。

夜、この街道がどうなるのか、残念ながら見物できなかったが、おそらく夏の夜は二間幅の歩道に椅子を出して、夕涼みする光景を想像する。どの家も、一階が小さな店で、二階が住まいのようである。なかにはガラスを割られていた空家もあった。何か事情があって移転したのだろうか。

第12章　国境のアムール河を北へ

小興安嶺の東

バスは右手にソ満国境のアムール河を見ながら、北へ上がった。嘉蔭を出発して二時間ほどすると、右手に水田が広がってきた。まだ生育は遅く、五十センチほどしか伸びていない。はたして秋のない満州の初冬までに、収穫できるものか、心もとない。日本の移民団は、アムール河沿いのこの辺りには入植していない、と言われてきた。土地もアルカリ性で、稲作には向いていない。アルカリ性の土地は大豆など、豆科の植物は育つが、麦や稲には不向きである。

だが、はるか右手のアムール河の手前の湿地帯は、日本で見かける水田が広がる。満州人は稲作は得意でなかった。朝鮮系満州人は、東満一帯で稲作を中心に農業を営

嘉蔭からアムール河に沿って西北へ進む。かつて日本の開拓団はこのあたりで水田を造成していた。バスのなかからアムール河の向こうの旧ソ連領を臨む。

んでいる。おそらく、嘉蔭辺りの稲作は、松花江を渡って移住してきた日本からの開拓団であろう。

省道の北側には、防風・防雪林が西に向かって伸びている。南側は大豆畑が広がる。左手前は小興安嶺山脈。ようやくバスはアムール河より百メートルほど高い丘の道に上がった。

地図で見ると、小興安嶺を越えた西が、黒河・孫呉から哈爾濱の中間地点にある北安の辺りである。北満での日本人の集団開拓民は、哈爾濱から上がって北安、孫呉、黒河へ行った。小興安嶺の裾野一帯を開拓している。軍の自給自足のため、アムール河沿いに入植したのだろう。関東軍も監視哨を置き、一個中隊を置いていた。

地形上、この辺りは湿地帯で、アムール河をソ連の軍艦が航行しても、戦車隊の上陸には不向きである。昭和二十年八月九日のソ連軍侵攻のときは、雪水温と鳥雲の監視哨より黒河に至るアムール河から上陸している。

アムール河沿いは、第一師団にかわってにわかに編成された第百二十三師団と独立混成第百三十五旅団が駐屯していた。アムール河の国境監視哨と師団本部及び連隊がある孫呉とは、東西に流れる遜比拉《ソンビラ》河に沿った軍専用道路で、横一直線に結ばれている。

有事のさい、前線への移動はスムーズに行なわれる。その意味では、アムール河沿いの国境警備及び孫呉の司令師団の位置づけは万全であった。遜比拉河を、戦車隊が渡るには道はなく、そのまま進むと、湿地帯に足を踏み入れることになる。

しかし、ブラゴエシチェンスクのソ連の第二軍に対して、孫呉の現地召兵で編成された一個師団と旅団には制空権はなく、重火砲なしで、あまりにもお粗末すぎた。

バスは嘉蔭を出て昼頃に双灯照から柏木林の山中に入り、ひと山越えて下道幹に出る。この辺りで雨に襲われた。アムール河の北側からまっ黒い雨雲が襲い、風に乗ってアムール河に雨の幕を落とし、満州に流れて行った。

乾岔子（カンチャーズ）の向こうは無人島。

右手に集落があり、育成村とある。水田の共同管理らしい。一本の道の両脇が農家である。

嘉蔭と黒河の間を走る嘉蔭行きの路線バスと擦れ違った。長距離バスは土埃を立て、猛然とした勢いで坂道を下って行った。また、柏の森を進む。

乾岔子《カンチャーズ》の悲劇

三時頃、乾岔子《カンチャーズ》の手前の路上で小休止した。高台である。右手の眼の前にアムール河がある。その向こうは旧ソ連領である。あまりにも近く見える。アムール河に小島が点在する。場所によっては中国領であったり、旧ソ連領であったりする。

これら小島をめぐっての中間の争いで思

い出されるのは、ダマンスキー（珍宝）島事件である。こちらはウスリー河の小島の領土問題だが、乾岔子島をめぐる事件は、日ソ間では、昭和十二年（一九三七年）六月十九日に起きた。

乾岔子のアムール河にて（筆者）。

戦後は昭和二十二年、ソ連軍が幹岔子島を占領し、この島に入ろうとした中国人を駆逐した。一九六三年には、ソ連の国境警備隊が、中国人に対して銃撃を加えて追い出している。

今日、中国は、幹岔子島は中国側の支配下にあると主張しているが、またいつ、紛争が起きるか分からない。

乾岔子は、ソ連ではスィチェフスキー、またはセンヌハと呼ばれる。中国名はカンジャオズ。日本名ではカンチャーズである。

日ソ間に最初の紛争が起きたときはソ連軍が、関東軍の監視哨がある乾岔子を襲撃した。

その後、ソ連の海軍は乾岔子島の南側の水域に回り、海上から日本軍に猛攻撃を加えた。この事件は七月一日、モスクワの重光葵《まもる》大使がソ連政府に厳重に抗議し、外交交渉の結果、日本の小砲艦への賠償を条件に、引き揚げている。

昭和二十二年の中ソ間の事件は、ソ連海軍が島に入った中国人を銃撃して追い払ったが、その後は中国領になっている。

乾岔子島が領土問題になった原因は、砂金にある。この島に限らず、上流のコンスタンチノフスキー島やペレカトヌイなどは砂金が豊富で、中国人は砂金掘りのためアムール河の南側の島に入っている。

乾岔子には今でも三階建ての中国軍の監視塔が立っていて、常時アムール河を監視していた。かつては関東軍の監視哨があったところで、関東軍の小砲艦がパトロールしていた。現在も、中国船が十隻ほど接岸している。

カメラで撮ることは禁止されている。ロシア側の監視に気を使っている様子である。もっとも、国道沿いの村から川岸までは二百メートルほどで、土堤は低く、上陸することはたやすい。

アムール河は乾岔子で大きく割り込み、二つの大きな島ができている。川向こうにはボヤレユブオ村がある。四キロほど上流には、ロシア軍の基地コンスタンチノーフスカヤ村がある。

昭和二十年八月九日、ソ連の極東第二軍の二個師団は、南の雪水温、鳥雲（旧城基）、常家屯、アムール河に突き出た半島の要塞で、左右の川を百八十度監視し、また川岸の向こうにあるソ連軍の基地の村、カリーニノとは目と鼻の先にある県営の監視哨、東山頭監視哨、東山監視哨、奇克（遜呉）、そして上流の乾岔子、哈大楊、霍爾莫津、大樺樹林子、四季屯を、同時刻にいっせいに急襲した。

アムール河を戦車隊が渡河して満州に侵攻した最南端の基地は、この乾岔子である。ここにはソ連軍の戦車一旅団が、わずか一個小隊の関東軍の監視哨を、蹴散らすようにして上陸した。

場所は、私たちが立っている船着き場である。ここは緩やかな坂になっている。戦車隊の上陸には格好の場所である。しかし、対岸の密林におおわれた二つの大きな島の中は、まったく様子が分からない。関東軍の監視兵も、この島には立ち入りしていない。

だがソ連軍は、基地のボヤレコブオから川岸に侵入し、二つの大きな島（満州領）伝いにアッという間に監視哨を突破した。

ソ連軍は乾岔子を突破すると、大豆畑を南西に侵入し、二百六十九歩兵連隊が駐屯している標高二百メートルの勝山の背後に回った。

アムール河を監視する監視哨は、二～三キロ置きに設置されている。乾岔子から川上に十キロほど先にある哈大楊の監視哨には、ソ連軍の二個師団と戦車旅団が侵攻した。哈大楊の監視哨から約十キロ後方には、二百六十九歩兵連隊の大隊長がいる勝山がある。ここには十センチ榴弾砲が、アムール河に向けて設置されていた。

ここが前線の大隊司令部で、ソ連軍はここに戦力を集中して、戦車旅団を投入してきた。ソ連軍は上陸すると、十センチ榴弾砲で、関東軍の大隊司令部を猛攻し、突破する。ここから孫呉の師団司令部を、北は黒河から、東は乾岔子、哈大楊、霍爾莫津、大樺樹林子から攻めた。

乾岔子を出て間もなく、私たちはバスを止めて小休止した。それぞれ、道路から畑に下りて小用をすます。そこからも、アムール河が目と鼻の先にあった。土堤はなく、緩やかな丘になっている。ソ連の戦車隊は、一個小隊で守る監視哨を蹴散らして上陸し、私たちがいる国道に出ると、二百六十七連隊司令部がある勝山をめざして、西へ進攻している。

私たちは約十分間の小休止のあと、黒河をめざした。夕方までには着かないと、道が分からない。

すでに、五時十五分。黒河は二百二十キロ先である。

風は涼しい。乾燥した風だ。アムール河沿いを取材することは、二度とないだろうと、私は周囲をカメラに納め、スケッチブックにも描いて残した。

第一師団にかわって、在満の予備役軍人や朝鮮人、在郷の民間人で編成された第百二十三師団は、制空権もなく、戦車も砲弾もない状況で、四日間、攻防戦を戦い抜いていた。

「出発ですよー」と、バスの中から曹さんが合図した。

一番遠くにいた池上さんが、足早に戻ってくる。誰かが、

「置いていきますよ」とからかった。すると池上さんは、

「置いていっていいですよ。大地の子になりますから」

その声にみんなが、どっと笑った。疲れたとき、私たちは池上さんの笑い声に、何度、救われたか知れない。

最北端の基地黒河

左前方に小興安嶺の山脈が続く。海抜三百メートルから、高い山では四百メートル

の山脈である。バスが走る道路の位置で海抜二百メートルだから、小興安嶺の山なみは、さほど高くは感じられなかった。

バスは平坦地を約二十分、真西に走った。間もなく、西陽は左の窓外にあった。太陽の位置で、バスが真北へ走っているのに気づく。李さんがバスの速度を上げた。コンクリートの白い道が、一直線になって続く。

「あれが陣地だ」と、鈴木さんが左手の小高い山を指さした。地図を見ると、勝山とある連隊司令部が、アムール河に睨みをきかせていた陣地である。

夕方の六時二十九分。今度は、山道に入った。かなり急な坂道である。この山を越えると、どこに出るのか分からない。かなり長いジグザグの山道だ。夕陽が、左の前方、また左へと移った。

道標があった。「黒河六十五キロ」とある。

考えてみれば、私たちはソ連軍が二百六十九連隊を攻めて行った道を走っていた。昭和十二年十月、関東軍参謀副長に左遷された石原莞爾少将が、前線基地を抜き打ちで視察したさい、車で走った道でもある。

石原は、予告なしで前線基地に出て、そのあと師団司令部に挨拶に行くという、他の参謀とは逆の手段をとるので、前線の将校や師団参謀長らから嫌がられた。

「敵はいつ攻めてくるか分からんぞ。平時のときこそ大事だ」

ソ連軍のスパイは数え切れないほど、アムール河を渡って、満州に潜入していた。上陸可能な地点や道路、道幅、監視哨のコンクリートの厚さまで調べている。

「戦さは、攻める方が研究するから、勝算が高い。まして戦力を南方に引き抜かれ、小銃しかないアムール河監視哨はもろい」

私はバスの中で、アムール河の川岸が低い辺りを思い出しながら、そんなことを考えていた。

八月七日、孫呉の飛行場を飛びたった偵察機は、アムール河沿いに、ソ連陣地を上空から偵察している。ところが操縦士には、アムール河の向こう岸にも基地にも、異常は見られなかったのだ。

ソ連軍は五十キロ、十キロと、次第にアムール河に近づいていた。しかし、八月七日の偵察のさいは、別段に異常はなく、戦車隊の姿も見えない。じつはすでにアムール河の島の森の中や、前線近くの森の中に隠れ、息をひそめて侵攻の準備に入っていた。あれほどの戦備と兵隊を森の中に隠していたため、偵察機は発見できなかったのである。

そのため安心していたのだが、そこへ、前ぶれもなくソ連軍が侵攻したのだ。

六十数年前の島やソ連領の森はどうなっていただろうか、想像することはできない。

バスは富拉基《ふらき》の村に入った。陽は西にある。夕陽と平行して北へ走る。乳牛を連れて家路に帰る農夫二人と擦れ違った。放牧場がこの先にあるのだろう。間もなくすると、村はずれに橋があり、川原には乳牛が放牧されていた。さきほどの農夫も、この川原からの帰りだろう。

初めて満州で乳牛を見たとき、昭和十五年秋、第十六師団長石原莞爾中将が連隊長及び師団参謀らを集め、孫呉や黒河に駐屯した場合に、乳牛を飼って牛乳を飲み、チーズを食べる「半農半兵」構想を打ちあけたことを思い出した。

石原は酷寒の北満で、おのおの兵隊は自給自足のため乳牛のほかに養豚、養鶏、軍馬を飼育するほか、各人に割り当てられた土地を農耕し、野菜や大豆、麦を栽培して、食糧を確保するという、かつてない軍隊生活を描いていた。

また将校たちには、早く結婚して、夫婦で北満の兵舎に住み、「半農半兵」の生活に入ることを言い渡している。将校以上には夫婦同伴を勧め、満州人が羨《うらや》ましくなる軍隊生活を送らせる構想だった。

だが、すでに太平洋戦争開戦を練っていた参謀本部は、石原の第十六師団の北満駐留を取りやめ、南方に編入する計画に切りかえる。そればかりか、東条英機陸軍大臣は、昭和十六年二月、石原を予備役という名目で、馘《くび》にした。このため石原構想は実現しない。

黒河へ向かうバスは、乳牛と会ったあとで、今度は羊の群れと出会った。百頭近い羊は、羊少年に急《せ》きたてられて道路一杯に広がった。李さんはバスを止め、しばらく羊の群れが通り過ぎるのを待った。

璦琿《アイグン》を抜けて三道溝に入ると、コンクリートの道は片側二車線になった。道幅が広がった。左右には歩道まである。ここから先は別世界のように思えた。

道の左右は牧場と大豆畑が広がる。しばらく走ると、右手のアムール河を目隠しするように白樺並木が続いた。やがて、珍しいことに、赤松林が続く。それが二キロ近く続いた。そのあとはポプラの林と白樺林が続く。林が切れると大豆畑が開けた。民家が寄り添っている。道標には「四高子」とある。地図には四嘉子。

黒河の市内に入ったのは夜の七時三十分頃だった。外はまだ明るい。白夜だが、夕陽が沈むのは八時頃だった。

最初に大きなロータリーに突き当たった。そこを右に折れた。広い道だ。最初に目に入った建物は、七階建ての中国建設銀行である。その右手に二十階建て円柱形の商質大厦というオフィス兼ホテルがある。左手前方に市役所ビルがあり、その角を左に、公園沿いに進むと、十分ほどで、私たちが泊まる四星の黒河国際飯店である。ホテルの場所が、旧日本の警察署跡地であることを知るのは、翌朝である。私たちは、最北端にある満州国の前線基地の町、黒河に二泊することになる。

第13章　北の果て黒河にて

黒河の夜はロシアの若者で賑わう

ホテルに着いて、私は驚いた。ここは中国ではない、ソ連領だと錯覚した。ホテルのロビーには、なんと二、三十人のロシアの若者男女が、現地の白酒《パイチュウ》をラッパ呑みして騒いでいたからである。グループで旅行しているのだろう。どこから来たのか、あとで知るが、国境のまちが、ロシアからの旅行者で賑わっているのは意外だった。

ホテルのすぐ裏（北）はアムール河で、川幅は約二キロ。川岸にはかつて関東軍の監視所が点在していた。今は高さ一メートルのコンクリートの堤防がある。ホテルと堤防とは二十メートル幅で、遊歩道になっている。そこにはテーブルが置かれ、ビアガーデンになっていた。テーブルの数は二十個。テーブルの半分は金髪の男女で、中国人はビアーガーデンの向こうにあるテントのカラオケクラブに集まっていた。

ざっと数えて、ロシアの男女は約五十人近い。ビールを呑み、談笑している。しかし、中国人はその中に入っていない。ロシアの男女だけである。

カラオケテントをのぞくと、百人近い男女が、歌い手の方を向いて立っていた。つぎつぎと歌う人が変わる。一曲三元。演歌調の歌が多い。男女の愛・恋をテーマにした曲が人気が高かった。

ここには、抗日戦も、また満州時代の恨みも何もない、消費を楽しむ若者たちの姿しかなかった。もっとも、同じ東洋人だから、日本人の私の姿など、区別できないのだろう。私が前列に立って若者の歌を聞いていても、誰ひとり不審に思ってはいないようだった。ただし、この中には私服の公安員がいたはずで、決して油断はできない。

公園の向こうには、テニスコートがあり、若者の男女がテニスに興じていた。老人も多い。しかしここでも、子供の姿は少ない。公園で四、五人、見かけただけだった。

暗いアムール河の対岸はロシア領、それも極東軍第二軍司令部がある。

双眼鏡で見ると、静かで、車も通っていない。ただし二十階建ての高層住宅が二棟あった。どの部屋も灯りがついているが、なかの様子はここからは見えない。

おそらく、その高層住宅は軍関係のもので、各部屋からはこちら側の様子が手にとるように見えているはずである。高感度の望遠レンズなら、ひとりひとりの顔がアップでき、識別できると同時に、ロシアの若者たちがビールを何杯呑んだかも、カウントできよう。

一見して、中国とロシアは融和しているかに見える。ホテル周辺や、ホテル二階のダンスホールでは、中ロの若者たちがディスコに狂って踊っているし、ロビーでは安い白酒をラッパ呑みしながら歩いている。

九時だった。観光バスが玄関に着き、家族づれの団体が、どっと入ってきた。太った男女は上半身、肌着一枚である。

ロシアでは、黒河をヘイホと発音する。このまちは、満鉄が昭和九年に北安から黒河まで鉄道を延ばすまでは、僻地であった。アムール河が凍結すると、ソリで秘かに渡河し、満州に潜入した。

鉄道が延びると、関東軍は駅からアムール河岸にかけて、碁盤状の市街を造った。

終点黒河駅からアムール河に一本のメインストリート、大東路を造る。アムール河に突き当たった左は税損局（税関）で、その左に外交部の公舎と北寮と呼ばれる公舎がある。税務局の道路向かいが日本領事館で、黒河駅から大東路を直線に進み、アムール河に突き当たる百メートル手前の角地にあたる。

この大東路を境に、右側は交通・航務局、警察学校、満軍練兵場、消防隊、郵政局、気象台、中央銀行、満軍憲兵隊など官公庁や学校地区である。

左側は日本領事館、東本願寺、百貨店、旅館、薬屋、洋品店などのほか、警察や軍関係、官公庁関係の寮が多い。公衆風呂も二軒あった。

真横には、中原街という道幅百メートルの道路が走っている。この道路を境に、黒河駅寄りに、六道街、七道街、八道街が平行して走っている。

中原街の通りに面して、黒河省公署、街公署、警察署、日本憲兵隊、そして武徳殿、満拓、黒河省の法院など公舎が続く。

特務機関はアムール河に沿っているが、取り調べ用の分室は、駅よりの公舎の中にアジトとして設置されていた。

アムール河岸は内庭を囲むようにして正方形に、城壁の役をする官公舎が建てられた。なお、駅から大東路に入ったところには南門があり、左右は土塁になっていて、外部から市街に入るには東門・南門・西門から入る。警備は厳重だった。

今日、黒河市街は建物こそ変わったが、関東軍の都市計画がそのまま残っているのは幸いである。

黒河で地図を逆さまに見る

朝、ガラス窓を叩く雨の音で眼がさめる。ロンドンのホテルでも、雨の音で眼がさめたことを思い出した。バチッ、バチッという音である。箏曲家宮城道雄は眼が見えなかったが、耳で聞いたロンドンでの雨の音を、のちに箏曲「ロンドンの雨」として作曲した。窓を叩く雨の音が、よほど強烈な印象だったのだろう。黒河でも同様な強い音がした。

雨がやむと、またひと眠りした。今度は、外で甲高い女の声がして眼がさめた。それも数人である。男女の、呼び合う声である。カーテンを開けて下を見ると、公園を五人の男女が箒《ほうき》で掃いていた。若者が前の朝、投げ捨てた缶や紙を拾って、竹籠に入れている。清掃業者とは思えない。長袖シャツ姿の一般市民の中年の男女である。

時計を見ると六時である。雨あがりの朝は、冷たく感じられた。

朝食時間は七時集合である。それまでまだ時間がある。着がえると、私は独りでホテルを出て、公園を歩き、黒河の川岸に立ち、アムール河からロシア領のアムール州の州都ブラゴエシチェンスク（人口二十三万人）を眺める。

対岸は船着場で、遊覧船が着岸していた。右手には、大きなクレーンが七本立っている。そのあたりには、海軍の船や小型ボート、黒河の開放経済区の港との間を往来する客船二隻も接岸していた。

ブラゴエシチェンスク駅は、シベリア鉄道のベロゴロスク駅からアムール河岸までの引込線である。アムール河を挟んで、満鉄黒河駅と正面で向き合っている。第二軍司令部本部のあるブラゴエシチェンスクは、軍港を持つ極東ソ連の最大の軍事基地である。

軍港は、シベリアの奥深くまで伸びるゼーヤ河がアムール河に合流する河口にある。陸軍と海軍が駐屯する。ハバロフスクにつぐ極東第二の基地で、アムール河の上流、中流まで眼を光らせている。私が気になったのは、造船所のクレーンが七基もあり、なぜか建造を急いでいることだった。

軍港での建造は、主として軍艦の建造を意味する。それほどまでにして、アムール河に軍艦を増やすことの意味は、専守防衛というよりも、むしろ攻撃用と見るのが常識的であろう。

関東軍が北安から孫呉・黒河へと鉄道を伸ばしたのは、ブラゴエシチェンスクの軍備拡張を捉えてのことだった。昭和八年から着工し、孫呉に一個師団を駐留させた。東京の第一師団と京都の第十六師団が二年置きに交替して駐屯した。いずれも日本きっての精鋭師団で、この両師団を、北満の守備にあたらせた。

昭和十一年、第一師団が駐留したときは、二・二六事件の連隊が、孫呉と黒河の前線基地に送り込まれた。

日・ソの国境は、アムール河のセンターを境界線にしている。これは今日の「中ロ国境」も同じである。

アムール河の川岸で、私は地図を逆さまにして見た。かつての日本領土の最北端の基地黒河から、南の方に地図を向けて立ってみると、満州は、大連など遼東半島、安東辺りからしか海に出られない不自由さを知った。

かつてはアムール河をハバロフスクまで下り、そこから鉄道でウラジオストックに出て日本海にのぞむが、東満の満州人には、自国の領土から日本海に出られる豆満江のルートが近くて、日本との交易には便利である。黒河からは新京に出て、吉林経由で琿春に出るルートが近い。

地図を逆さにして日本側を見ていると、黒河はやはりソ連と角を突き合わせた基地であることが分かる。私は思わず、冬は零下五十度の酷寒の前線基地黒河を守備した関東軍や青森からの開拓団のことを思うと、子供心に覚えた東海林太郎が歌う「国境の町」(作詞・大木惇夫／作曲・阿部武雄)を口ずさんでいた。

この歌の主人公を、単なる旅行者でなく、国家指令を帯びた若き陸軍情報員の身になってうたうと、思わず涙が出てしまった。

昭和十五年秋、第十六師団長の石原莞爾中将は、黒河から右前方の小高い丘に家族づれで移住する計画を樹《た》てた。

北安嶺の中腹にあたる地に立てば、国境の街・黒河はもとより、アムール河越しにソ連領土も見える。丘は東向きなので、日当たりはよく、乳牛を育てるには環境に恵まれていた。

この丘に、一万人近い兵隊とその家族が自給生活に入り、新しい基地の町を創る準備ができ上がり、情報参謀からの現地報告も受けていた。

ところが、この話をどうして嗅ぎつけたのか、東京の憲兵隊二名が新潟県村上署を訪れ、特高課長と一緒に、説明会先の鷹の巣温泉のある旅館に若い署員を送り込んだ。八ミリフィルムの映像説明までしたところを、憲兵と特高は、東京憲兵司令部にどう説明したものか。突然、十六師団の満州駐屯は中止され、石原も十六年二月下旬、師団長をクビになる。当時の陸軍大臣は東条英機で、決定権を持っている。

もしも、黒河の西の丘に十六師団が駐屯していたら、ソ連軍戦車隊が黒河から上陸することはできず、戦況は大きく変わっているだろう。

スパイ天国は花火で合図

戦前の黒河には漢族、満族、モンゴル族、ロシア系など十八に及ぶ民族が住んでいた。

最北端の黒河。日・ソのスパイ合戦の面影はない。

「北のスパイ」にとっては一番潜入しやすく、奥地の孫呉県近くまで偵察している。ソ連は、アムール河の監視哨の位置、戦力、堤防の構造、小高い山に築いている砲台陣地の砲門の数、種類などを、満州人を使ってスパイしている。

夜は、色とりどりの花火を打ち上げては、暗号を送っていた。

日本の特務機関は、そうしたソ連スパイの摘発に必死だった。黒河には、哈爾濱の特務機関管轄の機関が、アムール河に面した建物の中にあった。また、アジトと呼ばれるスパイ容疑者取調室もあり、彼らは多忙だった。

免税店のあるショッピングセンター。

顔は満州人だから、見分けができない。しかも暗い夜、船で渡ってきたり、下流から上がってきたりする。バロフスクからアムール河の北側を航海してくる軍艦から送り込まれるなど、広い満州でのソ連スパイ摘発は骨が折れた。

なかでも、逆スパイで関東軍に逃げ込んで助けを求めるソ連の課報員の見分けである。一週間眠らずに取り調べることはザラである。それでも見分けできないことが多かった。

石原莞爾は参謀本部第一部長のとき、ソ満国境沿いに開拓団を移住させ、ソ連スパイを監視させるよう、関東軍に提案している。軍人だけでは摘発不能で、国境沿いの満州人や朝鮮人にも協力を求めた。しかし、

船で渡ってくるロシア人たちの買物客で賑わっていた。

土地を取り上げられた満州人の中には、不満を持つ者がいて、逆にソ連のスパイと通じる者も少なくなかった。広い故に、なかなか防御できないのが現実だった。

今はそうした過去は拭い去られ、中国とソ連は、一九八〇年の西瓜と化学肥料のバーター貿易を皮切りに、交易が盛んになった。中国側はバーター貿易で大儲けすると、一九九四年には現金貿易に切りかえる。

中国は野菜、果物、工業製品を輸出した。船で渡った中国の貿易商たちは、ブラゴエシチェンスクの税関に持ち込み、市街で売りさばく。

黒河市は、一九九一年三月、アムール河に浮かぶ大黒河島を、ロシア人向けの貿易区として整備した。ここを国境経済協力区とし、小さな小屋を建てた。今はそれらの小屋にかわり、大きなショッピングセンターを建設し、ロシア人観光ツアー客を呼び込んでいる。

現在、四階建ての巨大なセンターには、ありとあらゆる物が展示され、多いときは一日五千人近い買物ツアー客がやってくる。

彼らはブラゴエシチェンスク港から、ビザなしで観光船に乗って大黒河島の港に接岸し、そこから十分ほど歩いてショッピングセンターを訪れ、トランク一杯買い込んで、大黒河島の桟橋から船で帰る。

黒河市は、アムール河に中国の金で橋をつくろうと提案した。しかし、中国人の不法侵入を嫌ったロシア側が、これを拒絶している。

「船で渡れる」というので、一日七～八便、船で二分の一と物価の安い満州に渡って買物している。

なかには二～三日、大黒河島から中国側の観光バスで哈爾濱に出かけて買物する団体もある。

現地ガイドの郭建忠さんは、「黒河の人口は六十七万人、市街地だけで十五万人。主に機械製造、船舶修理、木材加工、大豆・小麦・野菜の出荷などだが、黒河の貿易センターには中国全土から支店を出して出店している。ロシア人の入国者数は、昨年

バス・ツアーの買物客。おそらくアムール河を渡ってきたロシア人観光客が、ハルビン方面から運河に戻ってきたところだろう。

対岸のロシア領からは毎日、定期便が黒河に出ている。買物ツアーで対岸のブラゴエシチェンスクに戻る船が出港したところ。

対岸のロシア領につながるアムール河を見下ろす中国の若者たち。

は二十五万人でした」と近況を語ったが、今やロシア人が落とす金で、黒河市は繁栄している。

ホテル代は黒河が五十元に対し、ブラゴエシチェンスクは百元。衣類、電化製品は不足していて、黒河で免税扱いで購入している。今では東満の綏芬河を越して、満州ではナンバーワンの貿易市になった。

ホテルの朝、二階の食堂は、ロシア人の親子づれの団体ツアーで一杯になった。食糧豊富な河向こうの黒河で、朝食をとって帰国するツアーが多い。

中国人はたくましい民族で、お金になるなら拒まないところがある。ブラゴエシチェンスクに行った中国人は、かならず強盗に会うが、ここ黒河は治安がよく、まず強盗、かっぱらいはない。

「日本人観光客は？」と郭さんに尋ねると、年間五、六十人程度だという。それも、かつて住んでいた家を見にきたりする程度で、このところ、黒河に住んでいた日本人は亡くなる者が多く、次第に日本からの足も遠のいていた。

屈辱の愛琿条約

愛琿《アイグン》は、黒河市からアムール河沿いに南へ約一時間先である。前日、乾岔子から黒河に向かう途中、この町（県）を通過した。理由はここには愛琿資料館があり、時間をかけてじっくりと見学したかったからである。

黒河のホテルに着いた翌朝、バスは愛琿に向かって南下する。前日通った道を逆ルートで通ると、歴史を見る目線が違うことに気づく。つまり、アムール河を左手に見ていると、当時の帝政ロシアのコサックたちが中国領土を武力で奪った一八五八年の愛琿条約が、いかに不当なものかを知る。

シベリアに進出して、当時中国（清）の領土であったアムール河に注ぐゼーア河の上流尼布楚一帯を侵攻して条約を結んだ一六八九年まで、バイカル湖以東のシベリア及び沿海州、樺太は、中国（清国）の領土だった。

尼布楚に居住したコサックたちは、その後アムール河及び下流のハバロフスクまで領土を侵犯し、清国人を追い払った。

一八五八年は、日本では安政五年で、徳川家定将軍の時代である。コサック兵はアムール河の北に住む清国人を、アムール河の対岸満州に追い払うと、強引に清国との間に愛琿条約を結んだ。

この条約で、清国はアムール河の北岸と、ハバロフスクから北海に注ぐアムール河の西、合計百万ヘクタールを失った。

ウスリー河から東（右岸）は清国領とし、ウスリー河から海に至る間の土地は、国境が未定で、決定するまでは両国の共有地とした。清国は帝政ロシアの武力に屈したのだ。

それから二年後。北京において、清国の領土と愛琿条約で取り決めていたウスリー河の東（右岸）と樺太に、時のコサックの隊長ハバロフスクが侵攻して、これも強引に条約を締結させた。

ハバロフスクは愛琿条約を結ぶ八年前に、三百名のコサック兵を引きつれてアムール河を下ってハバロフスクにやってきて、堡塁を築いている。当時ハバロフスクには漁労民族が棲《す》んでいた。この民族から税を取りたて、支配している。それ以前からアムール河に注ぐゼーア河を下り、現在のブラゴエシチェンスクに駐留している。ハバロフスク隊はここからアムール河を下った。

ブラゴエシチェンスクに軍事哨所が設置されるのは一九五六年、愛琿条約の二年前である。アムール河の北岸に住む中国人を殺害し、アムール河に追い払ったコサック隊たちは、武力でアムール河の北岸以北を奪い、ロシア領とした。

この頃、ロシア皇帝は日本にも使節を送り込んでいる。一八五三年（嘉永六年）七月、ロシア使節プチャーチンが長崎にきて、長崎奉行大沢定宅に、ロシア国書を手渡し、国境協定と和親通商を申し出た。

プチャーチンは同年八月、十二月、翌一八五四年（安政元年）の三月には軍艦三隻を率いて長崎に、九月には大阪に入港した。さらに十月には下田に入る。

安政四年には長崎にきて、追加条約を締結して帰る。愛琿条約が結ばれた一八五八年の七月、ロシアの使節プチャーチンは江戸に入り、日露修好通商条約を調印させた。

一八五〇年、コサック隊がハバロフスクに堡塁を築いてから十年間は、極東がロシア、フランス、イギリスなど列強国に開港を要求された時代だった。

愛琿資料館には、愛琿条約から北京条約にいたる歴史資料や、条約交渉の様子、またアムール河北岸に住む中国人を虐殺し、追放するスクリーン解説がおこなわれ、中国人のナショナリズムを煽っていた。

なかでも義和団事件後、ブラゴエシチェンスクに住む、六十四村に住む中国人を強制的に追放した「江東六十四屯事件」は帝政ロシアの蛮行として忘れられないものになっている。

アムール河に追い込んだ中国人に、ロシアのコサック隊は銃弾を浴びせ、約三千人を殺害した。さらには愛琿条約で、アムール河の北岸に住む権利を持つ中国人を追い払った。

日本と同様に、清国も列強に攻め寄られ、ついには北京条約で、ウスリー河から東の領土、樺太までが奪われる。

愛琿資料館を訪れる中国人は年々、増えた。設備も整い、入館した中国人たちは、あらためて「屈辱」を味わわされることになる。

租借地香港は中国に戻ったが、次なるターゲットは満州の向こう、アムール河から北、ウスリーの右の沿海など、バイカル湖までのシベリアである。すべてを取り戻そうというのか、それとも北京条約以前まで戻そうとするのか、さほど遠くない時期に、交渉が始まるかも知れない。

第14章　孫呉から北安へ

ソ連軍の戦車隊

黒河から次なる孫呉へ向かう前に、一度上がってみたいところがあった。それは私たちが泊まっている高層ホテルの屋上である。ここは黒河では一番高い場所で、昼夜、保安員がそこからアムール河や対岸のロシア領の北岸、船舶の往来、市街を監視していた。そのため宿泊客といえど、屋上に立つことは禁止されていた。

出発三十分ほど前だった。私は保安員に見つかったら引き返すつもりで、カメラを持ってエレベーターに乗り込み、最上階から屋上に続く階段をそっと上がった。幸いにも、屋上には誰ひとりいない。これ幸いと、私は眼下のアムール河対岸を左から右へ、何枚もシャッターを切った。

驚いたことに、大黒河島の船着場が眼下に見える。天候も晴れていて、市街もくっきりと見えた。

ソ連軍の戦車隊が上陸したのは、ホテルから西側、アムール河の上流である。その辺りは堤防が低い。上流のため水位が上がることはないので、土塁を積み上げただけにしていた。そこから、極東軍第二師団の戦車隊がアムール河を渡河して上陸し、前線の黒河の守備隊第百三十五旅団を駆逐して国道を南下した。縦と横からの総攻撃で、前線基地は総崩れし、新愛琿の北山、母山、西山の独立混成旅団、七百九十五大隊、旅団司令部が包囲された。

私たちは、ソ連戦車隊が侵攻した国道を、孫呉に向かった。

国道二〇二号線は新しく整備されている。市街を出ると、右手に大興安嶺の緩やかな山なみを遠望した。高い所では大白山の千五百二十八メートル。そうした高山が、北から南へと続く。

しかし、国道は海抜五百メートルの大地にあるため、大興安嶺の山なみは、さほど高く感じられない。むしろ目線を少し高めにとる角度で、眺望は心地よい。しかもゴツゴツしたチベッドとは違い、酷寒の山に共通した、曲線を持った山なみで、一定のリズム感がある。山を見ていると、なぜか心が豊かになった。

この一帯は、日本の開拓団が入植したところで、アルカリ性土壌に大豆を栽培した。大豆は南の北安から哈爾濱経由で朝鮮の羅津に出し、そこから日本海を二日間、航海して新潟港へと運ばれた。

黒河から哈爾濱までは、特急で十二時間である。黒河を八時に出発したバスは、途中、孫呉、北安で小休止して、哈爾濱には夕方に着く予定である。

黒河を出て二十分ほどしたところで、白い大きな道路標識が近づいてきた。北安、腰屯、孫呉の道路とキロ数が書かれている。手前の孫呉までは九十五キロとある。時速八十キロで走って、一時間半ぐらいで着く計算だ。

道は緩やかな上りがあるかと思うと、緩やかな下り道になった。ちょうど北海道の旧道を走っているような感じである。違うところは、左に小興安嶺の山なみ、右手に大興安嶺の山なみが続く。

小興安嶺の山裾の松林が気になった。裾野一帯が切り開かれ、大豆畑になっている。日本の入植団が開墾した丘陵の畑であることが、容易に想像できた。それらの土地も、ソ連軍の一方的な侵攻で失ってしまった。

日露戦争で帝政ロシアの極東軍を打ち破った日本のおかげで、レーニンの共産党政権が生まれ、日本に感謝すると言ったソ連だったが、スターリンはそんな日本の恩を忘れ、「ソ連の領土奪還！」をスローガンに、不可侵条約を一方的に破棄して満州を攻めた。日本にとっては屈辱の一九四五年八月である。そのソ連軍が北から侵攻した国道を、孫呉へ向かう。

九時十五分頃、左手前方に孫呉の町が見えてきた。民家の屋根が、真夏の太陽にキラキラと光っている。

精鋭の第一師団が抜けたあと、現地の男たちをかき集め、にわかに作られた第百二十三師団の司令部は、北孫呉駅から黒河方面へ向かったひとつ先の駅、我家駅の西にある花見山に陣を布《し》いていた。花見山には三百六十九歩兵連隊が、後方の駒沢山には二百六十八連隊、線路を挟んだ三条山には二百七十連隊が配置されている。

この山は三角形になっていて、左は額雨爾河、右は孫比拉河、後方は山で、地形としては申し分ない。

八月の終り

孫呉は日本人が都市計画で碁盤状に造った街で、北孫呉には軍の兵舎や官舎が並び、南孫呉には県公署、街公署、国境警察隊、病院、発電所、関東軍貨物廠、給水部隊、兵器廠、そしてヤマトホテル、満鉄自動車、火力発電所、お寺、孫呉神社、慰安所があった。

北孫呉は軍の官舎のほか、百二十三司令部、将校クラブなど軍関係の施設が多い。この学校は、北孫呉に香取在満国民学校、南孫呉には明和在満国民学校がある。この学校は、二・二六事件を起こした第一師団が、懲罰のため孫呉に駐留させられた関係で出来た学校で、ほとんどが第一師団兵の子供たちだった。

昭和十六年から孫呉の明和在満国民学校の担任教師だった魚本一人（島根県在住）さんによると、孫呉の四季を『私の終戦記録』にこう描写している。

「ハイラルと共に満州では最も寒い所と言われ、最低温度、零下五十五度の記録があった。冬が長く夏は短い。春と秋は無いに等しい。五月になってやっと氷が解け、春から夏は一足跳びにやって来る。野原にはスズランを始め、アヤメや芍薬《しゃくやく》、野の花が一面に咲き、お花畑が出現した」

「八月の終りには霜が降り、それから冬が駆け足でやって来た。野も山も畑も、河も氷原となり、地下二メートルも凍ると言われていた。夏は午前三時頃には明るくなり、午後十時頃まで明るい。反対に冬は日中が五、六時と短くなる。

盆地の中央をソンピラ河が流れ、春や秋の遠足の場所となっていた。男の子は時に

孫呉駅。師団司令部があった軍の町。このプラットホームでは、幾万人の兵隊や家族が乗り下りし、別れただろうか。

は釣り竿を持って出かけたものだ。秋になると、きの子が山一面に生え、満人は籠を天秤で担いで取りに行っていた。周囲の丘陵地には、西に飛行場、北と南の丘陵地は軍の陣地になっていた」

孫呉の明和国民学校は、南孫呉（現孫呉駅）の南側にあり、警察署と隣接していた。学校の開校は明和十二年四月。前年の二・二六事件を起こした第一師団の子弟が入学している。

昭和十六年頃は尋常科各学年一学級、高等科は一学級だったが、翌年、シンガポール作戦に参加した部隊が孫呉に入ったため、児童数が増え一年生は二学級編成となる。

間もなく校長が召集され、十八年頃か

孫呉駅前の通り。日本軍の街だった。旧南駅通り。

ら教員が不足した。このため、教育資格を持つ現役の軍人が、教育補助員として教壇に立っている。

子供たちは、勉強だけをしていたわけではなかった。関東軍の医務機関の依頼で、夏は集団で薬草採集に出かけた。薬草を教室一杯に拡げ、乾燥させて軍に納めている。

高等科の生徒たちは、貨物廠被服部に出かけて、毛糸の軍手や靴下の解きほぐし作業をしたり、校地を開墾して馬鈴薯や麻の増産に励んだ。

だが、こうした平和な孫呉は、八月九日、ソ連軍の「火事場ドロボウ」のような侵攻で地獄へと一転する。

国民学校は、その前日の八日が第二学期の始業式だった。子供たちは、明日から元気な姿で勉強に頑張ろうと誓って別れている。その翌九日、ソ連軍が黒河からとアムール河の東から総攻撃を加えて侵攻する。

孫呉では九日、緊急の諸官公署所長会議が行なわれ、「婦女子、児童は北安に避難させる。男子成人は現地に残る」ことを決め、命令する。

翌十日午前五時、県公署よりの電話で、婦女子と児童の北安行きは、孫呉駅を朝六時出発と知らされる。

多分に始発でなく、黒河を出た列車へ乗り込んだのだろう。六時間半かかって北安に到着している。軍関係の家族が、南孫呉に避難するのは十二日である。

翌十三日、関東軍兵事部は、令状なしで在郷軍人の孫呉への帰還を命令した。そのため北安へ引率して行った在郷軍人六十名は、列車で孫呉に引き返している。

孫呉の基地は、在郷軍人や朝鮮人など三万人の新設の混成師団だったが、四日間にわたってよく戦った。戦死者は千二百名、うち朝鮮人の兵隊が三百名、戦死した。

生き残った関係者によると、朝鮮人兵たちは勇猛果敢だったと賞讃している。

北満にいた在郷軍人が孫呉に引き返してみると、学校はそのまま残っていたが、すでに兵舎、住宅はすべて焼き払われていた。

魚本さんたちは、兵器廠に行って武器をもらい、歩兵二百六十八連隊（北水台）を捜し、その日の夜中に合流した。

孫呉の日本軍が武装解除されるのは十八日である。

関東軍の中で、最後まで戦ったのは、精鋭の第一師団が抜かれたあとに新設された、混成師団、孫呉の第百二十三師団だった。日本の建設会社大林組が築いた強固な陣地は、ソ連軍の重砲に耐えた。すでに戦力は空っぽ同然で、在満の軍人、朝鮮人で編成され、中隊長は少尉という劣悪な師団だった。

百二十三師団が四日間、戦ってソ連軍を喰い止めている間、関東軍の司令部は十六日正午、東京の大本営からの命令を受領した。

一、関東軍総司令官は、即時、戦闘行動を停止すべし。ただし、停戦交渉にいたる間、敵の来攻にあたりては、やむを得ざる自衛のため戦闘行動はこれを妨げず。

二、戦闘行動を停止せば、その日時を速やかに報告すべし。

この大本営の命令に基づき、関東軍は各師団に停戦命令を発令した。孫呉の第百二十三師団は十七日の停戦協定後、十八日、武装解除となり、各陣地を出ている。その中には、陸軍の教育を受けた朝鮮出身の兵隊もいた。

朝鮮出身の兵隊は各連隊に千百名ほどいた。日本の陸軍の教育を受け、日本兵以上の誠実さと規律、行動力を持っていた。師団全体で三百名ほどが戦死したが、残った人たちには、各連隊長名で、母国に帰るように命令した。

各連隊では、「日本兵は捕虜になるが、朝鮮出身の兵は捕虜にはならない。ここにいては捕虜になる」と言って、その日、母国に帰した。

別れるとき、朝鮮出身の兵隊たちの中には、「自分たちも捕虜になって、一緒に行動させてほしい」と泣いて訴える者もいた。

しかし各連隊長は、泣きながら請う彼らを、

「君たちは立派に戦ってくれた。決して忘れない。君たちは祖国を立派につくり上げてくれ。生きておれば、また会えるんだ」

そう言って説得した。しかし別れが辛く、朝鮮出身の兵隊たちは、涙ながらに列車に乗り込んだ。

山の陣地を降りた兵隊たちは、元の兵舎跡に集まり、ここでテント生活をし、九月十二日、シベリアへ送られ、俘虜生活が始まった。

帰路、哈爾濱へ

孫呉は旧南孫呉駅に統一され、旧満州の面影は何もなかった。辛うじて見つけたものは、孫呉神社跡と、新火力発電所跡及びトーチカだけである。もののみごとに解体

北安駅。赤い屋根は戦後に塗装された。

されていた。

駅は新しく建てかえられ、周囲の水田が青々としていて、稲が風に揺れていた。

あとひと月後の八月中旬になると、霜が降りて、昼は冷たい雨雲におおわれるとはとても想像ができない。

孫呉をあとにしたのは十時三十五分。最初の料金所で道路使用料を払う。「北安まで七十九キロ」とある。道は南へ一直線。ときどき、ロシア人のツアー客を乗せた観光バスとすれ違った。哈爾濱から黒河へ引き揚げる途中なのだろう。

はるか山の中腹まで、大豆畑が広がる日本の開拓団によるものか、山の中腹も開墾されていた。

道の両端はポプラの防風林が続く。途中

師団司令部があった北安駅は昔のまま。乗り換え乗客で混んでいた。

でバスを止めて十分ほど小休止する。皮肉にも、ソ連軍の侵攻ルートを、ふたたび北安をめざして南へ南へと進む。

北安の郊外にきたとき、道路が左右に分かれる分離帯に、一台の黒のアウディが停まり、その前に五十歳ぐらいの大男が腕を組んで立っていた。

「なんと物騒な……」と思っていたら、曹さんが窓をあけて手を振った。向こうも、鋭い眼を子供のように崩して笑い、手を挙げた。曹さんの知人で、北安で農産物の貿易会社をしている朱社長だった。

北安は大豆が豊富で、ほとんどが日本に輸出されている。社長によると、満州では男性の定年は六十歳、女性は五十五歳だが、労働力があまっていて、早期退職を勧めて

北安の駅前通り。

いるという。

各工場も七十パーセントが赤字で、設備投資どころではない、と先行き経営のむずかしさを語った。

朱社長に、駅前のホテルの二階で、名物の北安豆腐を馳走になる。醤油をかけ、久しぶりに脂なしの食事にありつけた。

黒河から北安までが三百六十キロ。北安から哈爾濱までが約三百八十キロ。車で約四時間とのことだ。

私たちは、北安の駅を見たくて、しばらく駅舎に入ったり、陸橋に上がってプラットホームを眺めた。駅舎は満州時代のまま残っている、と朱さんが自慢そうに話した。

この駅は、右へ行けば海拉爾《ハイラル》、左へ行けば綏化、哈爾濱である。綏化からは小興安

哈爾濱の松花江（川）。日本の第１号移民団はこの川を下った。

嶺の南側を通って松花江沿いに、佳木斯に出る鉄道が走っている。

桂木斯で敗れた関東軍は、鉄道沿いに綏化へ退却した。私たちはその綏化の街のひとつ手前の楼家屯で小休止すると、そのまま哈爾濱に向かった。

道はところどころ工事中のところがあるが、アスファルトに変わった。綏化をすぎると道の両脇に、露天商が出て、西瓜や野菜類を売っている。急に都会の匂いがしてきた。車の量も増え、人の声もあわただしい。

道路が混みはじめた。バスは速度を落とす。曹さんが、「ここは準高速ね」と皮肉った。間もなく左前方に、高層ビルが、うっすらと見えてきた。哈爾濱である。バス

戦災をまぬかれた哈爾濱市街。国際都市としていまも無傷のまま残る。

は、のろのろと、松花江に架かっている長い橋を渡る。

眼下に水をたたえた川幅の広い松花江があった。この大河が、冬は凍り、戦時中はソ連スパイがソリで哈爾濱に侵入するので、哈爾濱の特務機関は、各所に逆スパイ網を張りめぐらせて防戦していたという話を聞き、大陸の防御のむずかしさを思い知らされた。

この満州最大の国際都市哈爾濱に着いたのは、夕方の七時三十分である。

私たちはここで一泊すると、翌日は昔のままで残っている大和ホテル、特務機関、領事館あとを見学し、夕方の飛行機で大連へ向かった。

哈爾濱の飛行場は旧関東軍の飛行場跡で、

各地からの飛行機の離発着が多い。李さんのバスとはここで別れた。私たちは各自チップを渡し、バスを見送った。

哈爾濱でもそうだが、今回の取材旅行で感じたことは、満州国が生まれたとき、石原莞爾が、

「日本人は満州人の土地を借りて住んでいるのだ。植民地ではない」

と、言ったことを思い出した。

五族協和とは、「満州人の政治、経済の土地に、日本人が土地を借りて住まわせてもらっている。主権は満州人にある」の意味であることを、あらためて思い知らされた。

帰路の飛行機は、大連上空が濃霧で着陸できず、そのまま渤海を越えて青島空港に変更となる。着いてみると空港は不時着陸の中国人客で大混乱。お客が空港関係者に集団で抗議し、パニック状態。

その夜は、私たちはベンチでひと晩あかし、翌日の昼ごろに大連行きの飛行機に乗り、そのまま成田行きに乗り継ぐ。残念ながら、最終日の大連ヤマトホテル宿泊は、お流れになった。満州とは、そういう大陸である。

あとがき

今回、満州奥地に入って感じたことは、農地は不毛地はなく、休耕地もなく、大穀倉としての機能を充分に発揮していることでした。大豆、トウモロコシ、コーリャン、東部では水田耕作と、広大な満州は、穀倉地帯としてアメリカにつぐ農産物輸出国です。

まだ機械化が遅れてはいるが、コストのかかる機械でなく、低コストの人力で充分に間に合っている。人力労働は、すなわち低賃金ながら、生活費を稼ぐことになり、なにもアメリカ式に近代化する必要はないのです。

東洋で最大の消費国は、日本と、中国の北京、上海地区であるが、やはり日本への輸出依存は高い。残念ながら、日本海側には北朝鮮というカベがあり、清津、羅津港から日本へ穀物を運び出す手段がない。一説では豆満江を使って、海路で輸送する話もあった。ロシア、北朝鮮、中国の三ヵ国で協約を結び、水路と海路を使って日本へ輸送できたら、満州経済はもっと豊かになるであろう。

もうひとつ提案したい。それは何十万人もの日本人が亡くなり、遺骨はそのままになっていることである。日本政府と中国東北三省との間で協定して、遺族の墓参を許されたい。

「墓地がない」ということだが、民間人の間で、遺骨を収拾して、共同墓地をつくることを提案する。いまだに冷たい旧満州の地に眠る開拓民、軍人その他日本人、朝鮮人たちの遺骨を、放っていてはあまりにも、かわいそうです。

満州のソ・満国境を歩いてみたい気持ちが強くなったのは、今から三十年前です。まだ石原莞爾将軍の研究に入る前のことで、最初の動機は田舎の同級生の中に満蒙開拓団の家族がいて、高校時代にお世話になったその人たちが亡くなって行ったからです。それも苦しかった昭和二十年八月六日以降のことを語らないまま他界してしまいました。旅順、大連、奉天、新京、哈爾濱といった都会は多くのガイドブックで紹介されて、今では観光ツアーのコースになっています。私はむしろ前線基地、国境がどうなったのか、そちらを自分の眼で見届けたい、という衝動にかられました。

決定的な動機は、関東軍の特攻隊員だった知人の徳富太三郎さん（陸士五十八期生）が「綏芬河にぼくたち航空隊の学生が招かれたんですが、女学生たちが沢山いてね。あの子たちはどうなったんだろうか、ロスケに殺されたんだろうね」と悔しそうに語った時でした。

陸軍士官学校五十八期の徳富太三郎少尉たちは、満州の東安、勃利方面の航空隊員として、昭和二十年五月に、座間基地から航空学生のまま派遣された。二十歳の少尉だった。同期生は四平街、東安、勃利方面の航空基地に配置され、ソ連軍の航空隊基地に突っ込む覚悟を決めていた。ところが急に本部から南の通化に集合となり、前線基地を離れ、朝鮮に近い基地に後退させられる。同期生の中には抗議するように自爆した者もいた、と無念そうに話されたのです。

「よし、前線基地に日本人が住んでいた場所を見に行こう」、放浪癖の私は、機会を捜しました。幸運なことに『丸』誌に「満州辺境紀行」を連載中の岡田和裕さん（千葉市在住）にお会い出来たことから、ソ満国境ルポが叶えられました。また、岩下明裕氏の『中・ロ国境４０００キロ』も大いに参考にさせてもらいました。この次は立ち寄れなかった大連、奉天、新京（長春）を歩いてみようと考えています。

このルポは二〇〇八年に書き始めましたが、三回ほど加筆訂正などして、ようやく完成することが出来ました。古い言葉ですが、私の体の中には「お国のために」という気持ちが強く、今回も採算を度外視して、現場ルポを残しておこう、と出版をお願いした次第です。関係者の皆さんに、厚くお礼申し上げます。

平成二十八年十一月

早瀬利之

文庫版のあとがき

満州国は海軍の南方進出が失敗していなければ、満州軍、蒙古の飛行師団が南方に移動することもなく、三方から侵攻するソ連軍と五分五分に戦って健在している。本当の独立国家満州国として居残れたはずだ。が、残念ながら海軍に潰されてしまった。

太平洋は海軍の戦場である。陸軍は中国本土、インドシナ、満州が戦場である。昭和十七年六月、ミッドウェー海戦に敗れたあと、海軍に頼まれて第十七軍の指揮下にあった香川県の第十一師団を中心に南海支隊が編成される。だが十七年八月のガダルカナル島戦で一木、川口支隊が全滅すると、翌年二月から満州の陸軍航空隊が南方に進出することになる。満州の陸軍は四月から五月にかけて、ラバウルやニューギニアに移動した。

そのあとも精鋭の満州駐屯の戦車隊、歩兵隊が南方に送り出され、昭和十九年末にはほとんど空っぽ状態になった。満州国を守ったのは日本の軍事顧問が市ヶ谷の陸軍士官学校同様に育てた満州国や朝鮮の若者で編成された満州国軍だった。しかし戦車も武器弾薬も南方に運び出され、戦力は対ソ連とは比較にならない。

寒い満州に駐屯する日本兵たちは、暖かい南国に移動できるので嬉しかったようだ。いずれ満州に戻れると思い、兵隊の中には金塊を埋めて隠した者もいたくらいである。しかし敗戦で帰れず、何もかも失った。

ソ連軍が侵攻してくると、張景恵など満州国の要人たちは関東軍の草地参謀らに新京やハルビン、奉天などの建物を残してほしいと哀願する。関東軍は司令部を朝鮮に近い通化に移した。市街戦を避けたお蔭で新京、ハルビン、奉天などの都はそのまま残った。中国全域で都がそのままの姿で残ったのは満州だけである。一部が破壊されたが、それは成都を飛び立ったB29の空爆による。鴨緑江の橋も朝鮮戦争の時に米軍が爆撃したものである。

関東軍は満州国人のことを考え、鴨緑江のダムや東洋一の松花江ダムもそのままにして引き揚げている。そのお蔭で満州人たちは電力、水嶺も獲得され、生活に支障はなかった。

しかし中国共産軍はソ連軍との間に密約を結び満州に攻め入る。蔣介石の国民党軍も戦後満州に軍隊を送り込むが、すでにソ連軍は旅順、大連にも入り、南北から国民党軍を挟み撃ちし、アメリカ軍が入る前に満州を占領した。

この際、満州の東側の間島方面では北鮮パルチザンの金日成（金正恩総書記の祖父）らがソ連の手先となって関東軍、北満の日本人と戦い続けた。また間島の士官学校に続き、市ヶ谷の陸軍士官学校を卒業した朴正熙（のち韓国大統領）は満州国軍八団副官として蒙古でソ連軍と戦っていた。

本文でも書いたように大砲も戦う武器もない若い兵隊たちは「陸の特攻」と呼ばれた肉弾戦に出撃、地雷を抱いてソ連戦車に体当たりして自爆している。

ソ連に限らず共産党軍は奇襲をしかけて占領し、そのまま居座る姿はウクライナ戦でも同じである。実に信頼のおけぬ民族に変わりない。

ソ満国境の歩いていると、私たちの父親、祖父たちが虫けらのように戦死していった姿を想像せずにはおられない。同時に米・豪を遮断するためガダルカナルに進出した日本海軍の無謀な作戦さえなければ、満州駐屯の関東軍が満州を空っぽにして南方に移されなくて済んだわけである。さすれば満州国は独立した国家として残り、ソ連や中国共産党軍の侵攻を喰い止めたはずである。

かえすがえすも、陸海軍首脳部の勝ち目のない大東亜戦争に突き進んだばかりに、満州をはじめ千島も台湾も南沙諸島もサイパンも失ってしまった。幸い、今も旧満州国の人たちは親日的である。できれば習近平主席に頼んで自治国家として独立して、旧満州の姿に戻してほしいものだ。

また機会があったら旧満州の旅に出てみたい。

令和五年三月吉日

早瀬利之

単行本　平成二十八年十二月「満州残映」改題　潮書房光人社刊

NF文庫

満州国境最前線の旅
二〇二三年五月二十一日　第一刷発行
著　者　早瀬利之
発行者　皆川豪志
発行所　株式会社　潮書房光人新社
〒100-8077　東京都千代田区大手町一-七-二
電話／〇三-六二八一-九八九一㈹
印刷・製本　凸版印刷株式会社
定価はカバーに表示してあります
乱丁・落丁のものはお取りかえ致します。本文は中性紙を使用
ISBN978-4-7698-3310-9　C0195
http://www.kojinsha.co.jp

NF文庫

刊行のことば

第二次世界大戦の戦火が熄《や》んで五〇年――その間、小社は夥しい数の戦争の記録を渉猟し、発掘し、常に公正なる立場を貫いて書誌とし、大方の絶讃を博して今日に及ぶが、その源は、散華された世代への熱き思い入れであり、同時に、その記録を誌して平和の礎とし、後世に伝えんとするにある。

小社の出版物は、戦記、伝記、文学、エッセイ、写真集、その他、すでに一、〇〇〇点を越え、加えて戦後五〇年になんなんとするを契機として、「光人社NF（ノンフィクション）文庫」を創刊して、読者諸賢の熱烈要望におこたえする次第である。人生のバイブルとして、心弱きときの活性の糧《かて》として、散華の世代からの感動の肉声に、あなたもぜひ、耳を傾けて下さい。